Das Werk

53 Lehrende spornen all jene, die das Friedenbringen erlernen wollen, dazu an, nach Freiheit zu streben, für sich selbst und für Andere. Wie Licht in der Nacht zeigen sie einen Weg, der über Weisheit und Mitgefühl hinausführt, den Weg des all-weisen, barmherzigen Hingeneigtseins. Unermüdlich beantworten sie die Fragen, welche Werke und Taten notwendig sind, um ein wahrhaft großes Licht in der Welt entzünden zu können. Sie lehren die Übenden, solch ein Licht zu sein, um allen Wesen, die in Finsternis und Angst leben, den Weg in die Freiheit zu zeigen.

Das Werk folgt der Weisheit jenes zweitausendjährigen Buches, das unter dem Namen Gandavyuha („Eintritt in den Kosmos der Wahrheit") Eingang in den Kanon der Avatamsaka- bzw. der Kegon-Schriften gefunden hat. Der Titel des gesamten Kanons lässt sich im deutschen Verständnis in etwa wie folgt beschreiben: „Ein Werk der allweisen Barmherzigkeit, welche reine Lilien zur Ehre des großen, weiten, all-einen Lichts wachsen lässt".

Durch seine leuchtende Kraft hilft dieses Buch, Zeiten der Kargheit und der Dunkelheit zu durchschreiten. In eben solch einer Zeit der inneren wie der äußeren Wüste ist dem Niederschreibenden dieser Schatz der Übertragung in die heutige Sprache anvertraut. Die Verse sind in einer Höhle auf einer Insel in vollkommener Stille entstanden, dort, wo das Leuchten in der Nacht wortwörtlich lebendig ist.

In ausführlicher und buddhistischer Sprache ist dieses Werk über das Fernleihsystem der deutschen Universitätsbibliotheken kostenfrei zu erhalten, unter: Doi, Torakazu (1978): Das Kegon Sutra. Das Buch vom Eintreten in den Kosmos der Wahrheit.

Die Herausgeberschaft

Menschen, die das Üben des Friedens unterstützen oder sich selbst dem täglichen Üben widmen, liegt das Weitergeben der Schriften am Herzen, die den Weg des Friedens beschreiben. Unter dem Begriff „Blaue Zelle des Friedens" verstehen sie einen Ort, an dem Frieden geübt wird. Dieser Ort kann jeder Mensch sein.

Die Veröffentlichung dieses Buches ist durch Geldgeschenke möglich geworden. Angesichts der Tatsache, dass jedes Herausgeben von Friedensschriften einer erneuten Sammlung von Almosen bedarf, gibt es die Idee, diese Arbeit mit Hilfe einer Stiftung zu unterstützen. Solch eine Stiftung kann das Weitergeben der Friedensübungen auf eine ähnliche Weise schützen wie eine Universität das Studieren von Wissenschaften oder wie ein Kloster das Erlernen selbstloser Fähigkeiten. Menschen, die sich dazu berufen fühlen, müssen nicht immer über umfangreiche finanzielle Mittel verfügen, sie können auch gemeinsam mit anderen, die ebenfalls in der Gesellschaft etwas bewegen möchten, Stiftende werden. Jene, die den Friedensweg in Form einer Stiftung schützen wollen, sind eingeladen, an folgende Adresse zu schreiben: Blaue Zelle c/o M. Landauer, Adenauerstr. 22, D-97232 Essfeld.

Weitere Veröffentlichungen

Der Gesang des Friedens   ISBN 978-3-7528-1218-3
Das Licht der Freiheit   ISBN 978-3-7431-5974-7
Frieden üben   ISBN 978-3-7528-1537-5

BLAUE ZELLE DES FRIEDENS [HRSG.]

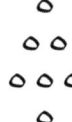

EIN LICHTERMEER

WEISHEIT DES AVATAMSAKA IN VERSEN

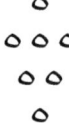

Von Weisen lernen
Werke des Friedens zu vollbringen

FSC
www.fsc.org

MIX

Papier aus ver-
antwortungsvollen
Quellen
Paper from
responsible sources

FSC® C105338

Bibliografische Information
der Deutschen Nationalbibliothek:
Die Deutsche Nationalbibliothek verzeichnet diese Publikation in der Deutschen Nationalbibliografie; detaillierte bibliografische Daten sind im Inter-
net über http://dnb.dnb.de abrufbar.

kein © 2018
Herausgeberschaft: Blaue Zelle des Friedens
V.i.S.d.P.: Jürgen Jo Schäfer
Herstellung, Verlag: BoD – Books on Demand, Norderstedt
ISBN 978-3-7528-1503-0

− Inhalt −

◦ ◦ ◦

Dank

In Dankbarkeit neigen sich Stirn, Mund und Herz

zu allem Offenbarendem, welches das Licht vergangener Zeiten, das Licht gegenwärtiger Augenblicke und das Licht zukünftiger Möglichkeiten mit Milde und Güte in Form von Weisheit dem menschlichen Geist anvertraut und daran erinnert, was als immerwährendes Anliegen wie eine Bitte um Hingabe und Mitgefühl dem Herzen innewohnt.

zu allen Vorangehenden wie Jesus von Nazareth und Siddhartha Gautama, zu allen Weisenden wie Torakazu Doi, zu allen Lehrenden wie Heng Sure und Thich Nhat Hanh, die auf vielfache Weise in Worten und Taten zeigen, wie das Friedenbringen erlernt werden kann.

zu allen Müttern und Vätern wie Monika Böhme und Jörg Böhme, zu allen Unterstützenden wie Jo Schäfer, Micha Landauer, Merau Christos, Alla, Marek, Alex, Alex, Rachel, Tama Nowack, Hannelore Hubert, Hovhannes Martinyan, Daniel Schlett, Beate Wand und Inga Bendiks, zu allen Nachkommenden wie Anna Zoe Weinreich und Smilla Laska Wand, die menschliches Lernen ermöglichen.

zu allen Meistern, die das Hören, Denken und Schreiben beschützen, wie Quelle, Höhle, Wüste, Meer, Himmel, Universitäten, Bibliotheken, Klöster und Kappellen.

◦ ◦ ◦

7

o o o

Widmung

Möge diese Erinnerung
allen, die das Friedenbringen lernen wollen,
zur Verfügung stehen.

o o o

Vorwort

◦ ◦ ◦

Menschen wie du und ich
üben dieses Leben zu meistern
und in allem frei und gelöst,
hell, leuchtend und licht zu sein.

Menschen wie du und ich
erfahren von Übung zu Übung
Befreiung und Erlösung,
Erhellung, Erleuchtung, Gelichtetsein.

Menschen wie du und ich
werden als Geübte zu Meistern,
die befreien und erlösen,
erhellen, leuchten und lichten.

11

○ ○ ○

Wo sind sie zu Hause,
die Stillen, die Lichten, die Kraftvollen,
wie ist ihr Leben, ihr Dasein,
wo wohnen sie und wie?

Wo die Stille licht und kraftvoll ist,
wo das Licht still und kraftvoll ist,
wo die Kraft still und lichtvoll ist,
dort ist das Dasein lebendig.

Wo die Wesen gestillt sind,
wo die Wesen gelichtet sind,
wo die Wesen gekräftigt sind,
da wohnen die Lebendigen.

◦ ◦ ◦

Das Licht, das bleibt,
strahlt hinaus in die Welt –
wo ist Welt
und wo ist hinaus?

Es fragt nicht –
in seiner allumfassenden Güte
strahlt es still,
den Irrungen zu leuchten.

Das Licht, das bleibt und stillt,
weitet die Fragen ins Nichts,
es erhellt die Welt
zum Leben.

○ ○ ○

Als das Herz
den Klang der Verwirrung vernahm,
wendete es sich um,
der dunklen Wolke zu dienen.

Der Schritt hin zum Licht
hielt inne und gebot
sich zuzuwenden
den Gestalten der Finsternis.

Mit der Sonne im Rücken
wartet nun das Leben,
mit offenen Händen
den Verwirrten sich hinzugeben.

◌ ◌ ◌

Im Licht ist das Licht licht,
das Ich wandelt sich
in tausend Gestalten
und kehrt zurück zum Einen.

Die Strahlen beleuchten
jede Finsterniskeit,
erleuchten die Ecken und Kanten
des wieder und wieder Geborenen.

In den Farben und Formen
ist das Licht tausend
und gelöst davon,
ist es eine lichte Gelichtetheit.

○ ○ ○

Mögen die verängstigten Wesen
Seelenfrieden erfahren
im Anblick
der einen Herrlichkeit.

Mögen sie Leichtigkeit verspüren
und aufatmendes Hellsein
im Herzen
der stillen Freude.

Mögen sie das Licht
schauen und nehmen können
und hindurchfluten lassen
durch alle Schmerzensglieder.

Einführung

○ ○ ○

Aus der Stille
des einen großen Spiegels
des einen großen Meeres
treten die Übenden hervor.

Wie strahlende Schaumkronen
verschenken sie das Antlitz
der einen großen Sonne
der einen großen Stille.

Allumklingender Gesang
verkündet wie Lilien im Frühling
übergroße Herrlichkeit,
das Eine zu ehren.

❀ ❀ ❀

Ewigkeit und Ewigkeit
vereinigen sich im Tanz
der Reinen, Lauteren, Gütigen,
von blühenden Lilien geschmückt.

Knospen entfalten sich,
verschenken der Vielfalt Klang,
Formen und Farben
reichen sich die Hände.

Zu einem einzigen Gesang
erhebt sich die Freude
der immer Geeinten
von Ewigkeit zu Ewigkeit.

◦ ◦ ◦

Licht von Juwelen,
Kränze von Blumen,
Schätze des Einen
sind Worte von Weisheit.

Grund und Boden bereiten sie,
Ursprung und Anfang bedenken sie,
ehren, erinnern, lobpreisen
die eine Wahrhaftigkeit.

Worte, reich an Juwelen,
Blumen und Kränzen,
verschenken sich denen,
die ihr Ohr neigen.

○ ○ ○

Wie kann ein Schweigen
Worte finden,
wie kann der Spiegel
sich allem hinneigen?

Leuchtende bringen sich dar,
verneigen sich, opfern sich
als Gedanken, wie Sterne
das All zu schmücken.

Liebende weihen sich
dem einen Spiegel
der nackten Wirklichkeit
und werden Weisheit.

○ ○ ○

○ ○ ○

Wenn der Mund nur Mund ist
und das Herz nur Herz,
wer sollte sprechen,
wenn nicht das Schweigen?

Das Heilige heilt,
das Eine eint,
das Lichte lichtet
und der Spiegel ist rein.

Mund und Herz
finden die Worte
in den Gestalten
der gegeben Geneigten.

❍ ❍ ❍

Übende sind die Leuchtenden,
Lichtende sind die Leuchtenden,
Erhellende sind die Leuchtenden,
Übende sind wahres Licht.

Stilles Licht zeigt die Übung,
stilles Licht zeigt die Lichtung,
stilles Licht zeigt die Erhellung,
wahres Licht leuchtet.

Erleuchtet sind die Übenden,
übend sind die Erleuchteten,
wahres Licht sind die Bewahrenden,
bewahrend sind alle Gelichteten.

◦ ◦ ◦

Die Predigt der Heiligen
lehrt das Leben der Heiligen,
lehrt barmherziges Handeln,
lehrt weises Geben.

Das Predigen der Heiligen
schenkt Herz und Vertrauen,
schenkt Weisheit und Mitgefühl,
schenkt Lehre und Leben.

Barmherzigkeit lehrend,
schenken die Weisen
die Lehre der Weisheit
aus lauterem Mitgefühl.

◦ ◦ ◦

◇ ◇ ◇

In der Höhle findest du Weisheit,
in den Bergen findest du Weisheit,
in der Hütte im Wald findest du Weisheit,
in der Wüste findest du Weisheit.

Wo findest du Barmherzigkeit,
wo findest du Mitgefühl,
wo findest du Nächstenliebe,
wo findest du Milde und Güte?

Menschen und Tiere lehren dich,
Städte und Straßen lehren dich,
Wunden und Schmerzen lehren dich –
lass die Schüler dir Lehrende sein.

◇ ◇ ◇

○ ○ ○

Befreit in der Stille,
befreit von Gedanken,
befreit von Verlangen,
wirst du weise genannt.

Bleibst du frei unter Menschen,
bleibst du frei in den Städten,
bleibst du frei auch in Schmerzen,
bist du frei von Weisheit und Nennung.

Wahre Stille verschenkt sich frei,
wahre Stille befreit nicht
das niemals gefangen Gewesene,
wahre Stille ist groß an Gnade.

◦ ◦ ◦

Die Weisheit,
welche die Hölle nicht kennt,
ist eine Weisheit
ohne Fleisch und Knochen.

Der Himmel,
der die Hölle nicht kennt,
ist ein Himmel
ohne Weite und Wahrheit.

Das Leben,
das die Hölle nicht kennt,
ist ein Leben
ohne Herz und Mitgefühl.

◇ ◇ ◇

Du setzt alles auf Spiel,
wenn du dein Leben gibst
für die Kaltblütigen,
Gierigen, Hassenden.

Du setzt die Weisheit aufs Spiel,
die Klarheit, den Verstand,
du lädst Zweifel ein,
Alpträume, Misstrauen und Angst.

Auf dem Weg in die Hölle
verlierst du alles,
was nicht dir gehört
und weitest den Himmel in dir.

◇ ◇ ◇

DER HERRLICHKEIT LAUSCHEN UND DER STIMME DER STILLE EHRE ERWEISEN

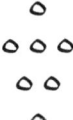

◇ ◇ ◇

Versammelt sind die große Barmherzigkeit,
die allerhöchste Weisheit,
die Strahlen, die Stimmen, die Tugenden
die Lilien, die Edlen, die Schatzkammern.

Mit Klarheit und nächtlichem Leuchten,
mit blauen Blumengärten,
mit Reinheit und Güte geschmückt,
in tiefer Hingabe dienen sie den Heiligen.

Versammelt sind die Übenden und die Geübten,
der einen Herrlichkeit zu lauschen
und tausendfach die Stimme der Stille
allem Lebendigen zu offenbaren.

○ ○ ○

Unbegrenzt, unermesslich, unerschöpflich
verneigen sich die Übenden
vor allen Erhellten,
Gelichteten, Gereinigten.

Klaren Auges dienen sie
den lebenden Wesen
mit Worten, Taten und Hingabe,
wo die Stille zu Hause ist.

Von Übung zu Übung,
von Tat zu Tat
leuchten sie den Suchenden
den Weg von Weisheit und Mitgefühl.

◦ ◦ ◦

Die Übenden des Friedens
fragen in ihrem Herzen:
Was sind die Werke der Heiligen?
Was ist ihre göttliche Kraft?

Wie ist die Weisheit der Heiligen?
Wie ist ihr Denken, Reden und Handeln?
Wie ist ihre Geistesstille?
Wie ist ihre Freiheit von Angst?

Was ist den Heiligen Wohnung?
Was ist ihr Fleiß, ihr Einsatz, ihr Streben?
Wie ist ihr Körper, ihr Geist?
Und wie ist ihr Gelichtetsein?

o o o

Wer kann es begreifen,
ermessen, ergründen,
wer kann es verstehen,
wie die Heiligen leben?

Wer um das Eine bittet
und den Weisenden Freund ist,
wer das Leben der Heiligen lebt
und ihrer göttlichen Kraft vertraut;

wer nach höchster Weisheit strebt
und nach allumfassender Barmherzigkeit,
dem wird das Eine offenbar,
das die Heiligen sehen.

o o o

Was ermöglicht dem Körpergeist
das Eine erfahren zu können?
Ihn auf tausenderlei Weise zu betätigen
und dadurch zu befähigen:

Denken, Reden und Handeln
in alle Richtungen zu dehnen,
immerzu den Lebensraum zu weiten
und Verständnis für alle zu entwickeln.

Nicht nur heilige Schriften zu betrachten
und des Göttlichen zu gedenken,
sondern all seine Formen und Farben
mit Haut und Haar zu schmecken.

○ ○ ○

Die Liebenden suchen
allumfassende Güte,
Weisheit und Mitgefühl
und den Weg diese zu meistern.

Die Übenden üben
in Worten und Taten
bei Tag und bei Nacht
die Reinheit des Herzens.

Die Meister wachsen
aus Ernst und Eifer
von Übung zu Übung
in Weisheit und Migefühl.

○ ○ ○

◇ ◇ ◇

Möge das Licht der Erhellten
den Suchenden leuchten,
möge ihr Angesicht strahlen,
denen die Weisung erbitten.

Möge die Liebe der Wahrhaftigen
den Strauchelnden scheinen,
möge sie Grund und Boden sein,
denen, die schwanken.

Möge die Gnade der Weisheit
allen Fragenden
von Antwort zu Antwort
ein offenes Tor bereiten.

◇ ◇ ◇

◇ ◇ ◇

In tiefer Geistes-Stille
weitet sich der Raum,
jedes Haus wird ein Garten,
jeder Stein wird ein himmlisches All.

Worte und Wissen klaren auf,
wie strahlende Juwelen
schmücken sie das Paradies
der erinnernden Weisheit.

Unermesslich, unzerstörbar
wie Diamanten sind die Welten
der heiligen Weisheitsstimme,
die den Blühenden leuchtet.

◦ ◦ ◦

Unermesslich, unaussprechlich
fallen Wolken wie Regen
durch Raum und Zeit,
das Eine zu verherrlichen.

Unablässig, unerklärlich
scheinen Wolken wie Sonnenstrahlen
als Formen und Farben,
das Eine zu ehren.

Ungezählt und unerhört
klingen Wolken von Musik
im Garten der Stille,
an das Eine zu erinnern.

○ ○ ○

Reinheit und Klarheit im Osten,
Fülle und Helle im Süden,
bleibendes Leuchten im Westen,
strahlende Güte im Norden;

Frieden und Weite im Nordosten,
flammende Kraft im Südosten,
Licht und Wahrheit im Südwesten,
bewahrendes Streben im Nordwesten;

vollendende Befreiung in der Tiefe,
lehrende Weisheit in der Höhe –
vielfach ehren die Übenden
die Vielfalt des Einen.

◇ ◇ ◇

Zahlreich wie die Welten
sind die königlich Übenden,
die reinen Herzens bitten
und keine Mühen scheuen;

die zum Wohle aller Wesen wirken
und das Gute in Fülle bewahren,
die auch nachts friedlich leuchten
und als wissendes Feuer strahlen;

die das Heer der Dämonen besiegen
und mit Hingabe weiterstreben,
die Hindernisse überwinden
und die Weisheit weitergeben.

◇ ◇ ◇

◌ ◌ ◌

In allen Sprachen der Welt
die grenzenlose Freiheit zu bezeugen,
die von Uranfang
allem Seienden zu Grunde liegt;

in jeder Hinsicht zu begreifen,
dass alle Wesen wie Träume,
dass alle Leuchtenden wie ein Blitz
und dass alles Geschehen wie ein Spiegelbild ist;

mit einem Auge voller Klarheit
das Meer der heiligenden Schriften
aufzunehmen und weiterzugeben,
– das ist die Meisterschaft der Übenden.

○ ○ ○

Jene, die in der Freiheit
der Geistes-Stille verweilen,
ohne Barmherzigkeit zu entwickeln,
genügen sich selbst.

Sie sehen nicht das Paradies
der Heilungskräfte des Lichtes,
das ihnen zu Füßen liegt,
alle Wesen zu befreien.

Sie bleiben blind in der Stille,
ohne das Herz zu verschenken
und die göttliche Kraft zu nutzen,
die durch Mitgefühl offenbar wird.

◇ ◇ ◇

Hingegeben sind die Friedenstiftenden,
hingegeben ist ihre Liebe
wie das Läutern von Gold,
wie das Schleifen von Diamanten.

In jeder Welt sehen sie
das Paradies aus Früchten,
Quellen, Wüsten, Gärten,
die allesamt Lehrende sind.

In jedem Staubkorn erkennen sie
die Erlösungskraft des Lichts,
die allem Seienden innewohnt,
von Stille zu Stille.

◇ ◇ ◇

◇ ◇ ◇

Rein und klar strahlt das Streben
zu allem Heiligen, Unerschütterlichen,
zu tiefsinnigen Lehren,
Verkörperungen, Verherrlichungen.

Gestaltlos und mannigfaltig
ist das eine Licht,
das den Übenden leuchtet,
ihre Taten ins Grenzenlose zu weiten.

Groß ist die Weisheit,
die von Irrtümern frei ist,
sie kann nicht zerbrochen werden,
wie alle Freiheit der Welt.

Unbesiegbar ist die Tatkraft
der unergründlich tief Gegründeten,
unerschütterlich ist ihre Weisheit
wie ein diamantener Berg.

Unermesslich ist ihre Kenntnis,
dass nichts verändert werden kann,
so unbegrenzt wie die Veränderungen,
die sie dennoch entstehen lassen.

Unzerstörbar, unvergänglich
ist die Wahrheit der Wahrhaftigen,
unausschöpflich ist das Wort,
das sie meisterlich zu schöpfen wissen.

❍ ❍ ❍

Wer erhellt ist, ist frei
von Ermesslichkeit, Unermesslichkeit,
von Endlichkeit, Unendlichkeit,
von Richtigkeit und Falschheit.

Wie die Sonne die Finsternis
und der Mond die Nacht erhellt,
leuchtet die Weisheit
durch Welt und All.

Denen, die reinen Herzens sind,
offenbart sie zu reden,
offenbart sie zu schweigen,
alles zur rechten Zeit.

∘ ∘ ∘

Ein Berg voller Schätze
dient allen Wesen,
ein Berg voller Tugenden
schenkt allen Frieden.

Ein See reinen Wassers
stillt alle Wesen,
ein See reiner Tugenden
schenkt allen Frieden.

Still wie ein Bergsee
leuchtet die Schatzkammer
derer, die Frieden
wie Wasser verschenken.

∘ ∘ ∘

○ ○ ○

Klar und rein ist die Welt
und tief und vollkommen
ist das Blau der Nacht,
wenn der Mond strahlt.

Allumfassend ist die Güte,
allumfassend ist die Kraft
derer, die entschlossen lernen
und den Weg vollenden.

Wie der gütige Mond
erhellen sie die Welt
und lehren und reinigen
die irrenden Wesen.

○ ○ ○

○ ○ ○

Wer den Eigenwillen überwindet
und die Angst vor Geburt und Tod,
tritt aus dem Kreislauf heraus,
der ihn gefangen hält.

Dessen Hunger ist gesättigt,
dessen Durst ist gelöscht,
dessen Geist ist klar und rein
und in Frieden.

Wer in der höchsten Weisheit ruht,
frei von Kommen und Gehen,
ist wie das strahlende Licht des Mondes,
das nicht zu fassen ist.

○ ○ ○

Wie die Leere des Alls
nicht vernichtet werden kann,
so kann die Freiheit des Geistes
nicht zerstört werden.

Wie die Reinheit einer Quelle
jeden Schmutz abwäscht,
so befreit die Stille des Denkens
von giftigem Faulschlamm.

Wie das Licht der Sonne
überallhin zu scheinen vermag,
so erhellt die Weisheit der Heiligen
alle Arten von Finsternis.

◦ ◦ ◦

Von der Urblindheit befreit,
behüten die meisterlich Geübten
in tiefer Andacht
die heiligen Lehren.

Mit Entschlossenheit erinnern sie
der Worte und Werke
vorangegangener Meister
und bewahren jegliches Heiligtum.

Voll Kraft und Güte,
erhellen sie die Welt,
inmitten von Todesschmerzen
retten sie, was zu retten ist.

◇ ◇ ◇

Wer dem Göttlichen begegnet
von Angesicht zu Angesicht,
ist von allen Zweifeln frei
und von allen Höllenqualen.

Wer das heilige Licht schaut,
kann zum Wohle aller handeln,
wer den stillen Geist kennt,
kann höchste Weisheit erfahren.

Wer die Stimme hört,
die geheimnisvoll strömt,
mitten ins reinste Herz,
der wird zum Leuchtturm der Welt.

∘ ∘ ∘

Wer sich eines Tages tatsächlich umwendet
zur alles erhellenden Weisheit
und sich selbst darin wiederfindet,
erfährt Barmherzigkeit für alle.

Niemals werden diese Freien müde
in der Hölle zu verweilen
und die Leidenden zu erinnern,
dass das Licht allen strahlt.

In den verfluchten Finsterniskeiten
der Hungrigen, Verhärteten, Erkalteten
werden sie unerschütterlich bleiben,
weil sie selbst Licht geworden sind.

o o o

Den Weg in die Freiheit
beschreiben die tapfer Kämpfenden
mit jener Vorgehensweise,
die keinen Unterschied macht;

zwischen dem Weltall und sich selbst,
dem Raum der Leere und sich selbst,
dem immerwährenden Licht und sich selbst,
allen Wesen und sich selbst;

das heißt auch, zwischen allen Weisheiten,
allen Hoffnungen, allen Begabungen,
allen Zeiten, allen Wegen und sich selbst –
solch ein Leben ist wie ein Leuchtturm in der Welt.

∘ ∘ ∘

Vortrefflich sind die Meister,
welche umgeben sind von Geübten,
von Übenden und Hörenden,
sie lehren die Welt der Wahrheit.

Still und friedlich ruhen sie
inmitten aller Welten
und schenken wahrhaftigen Frieden
den vollkommen Hingeneigten.

Ihre Predigt ist ein lauteres Herz,
das in der Freiheit ewiger Weite wohnt
und das in Worten und Werken zu Hause ist,
die heilig genannt werden.

○ ○ ○

Wie ist sie, diese innere Sammlung,
in der die Gelichteten wohnen?
Sie beschützt und bewahrt die Freiheit
von allen Wesen gleichermaßen.

Sie umfasst in Milde und Güte
jegliches Leben
und achtet und ehrt in stillem Gebet
das immer Da-Gewesene.

Sie ist eine erhabene Stille,
die der Weisheit eine Gestalt gibt,
eine Zeit und einen Raum,
um die Wahrheit lebendig werden zu lassen.

◇ ◇ ◇

Jene, die alle Übungen
in alle Richtungen gemeistert haben,
leben in allumfassender Weisheit
und begreifen alle Arten von Welten.

Sie begnügen sich mit schlichtem Freisein,
wohnen oft in stillen Gegenden,
bereisen dennoch tausend Länder
und hängen an keinem von diesen.

Sie führen die Lebewesen zur Reife,
lehren auf vielfache Weise,
trocknen das Meer der Leidenschaften aus
und befreien von Irrtum und Unwissenheit.

○ ○ ○

Jene, die alle Übungen
in alle Richtungen gemeistert haben,
ruhen in der großen Barmherzigkeit
und gedenken immer aller Wesen.

Sie sättigen die Hungrigen,
sie erhellen die Finsteren,
sie wärmen die Verhärteten,
sie lassen Milde und Güte regnen.

Wie die Strahlen der Sonne
die Kälte vertreibt,
so vertreiben sie Angst und Schrecken
durch sanfte Rede und klares Handeln.

○ ○ ○

Jene, die alle Übungen
in alle Richtungen gemeistert haben,
gehen bis auf den Grund
von Licht und Weite.

Mit einem einzigen Wort
bezeugen sie Weisheit und Mitgefühl,
mit einer einzigen Tat
öffnen sie die Schatzkammer guter Werke.

Sie ruhen in der Stille des Geistes
und erfassen doch alle Dinge,
sie reinigen sie, sie verherrlichen sie
und offenbaren ein Leben in Heiligkeit.

○ ○ ○

○ ○ ○

Jene, die alle Übungen
in alle Richtungen gemeistert haben,
umfangen, beruhigen und beseligen
alle Lebewesen, die noch nicht erlöst sind.

Sie begreifen viele Begabungen, Neigungen,
Leidenschaften und ihre Folgen
und führen und leiten die Wesen
aus blindem Handeln heraus.

Sie erinnern in vielerlei Gestalt
als Ärzte, Wissenschaftler oder Handwerksmeister,
als Ordensleute, Eremiten oder Künstler
an das ewige Licht der Freiheit.

○ ○ ○

❍ ❍ ❍

Das ewige Licht strahlt
in tausend Richtungen,
wie die Kraft der Sonne
ist seine leuchtende Gnade.

Es wärmt die Frierenden,
es beruhigt die Zitternden,
es bringt Milde und Güte für alle
in Kälte, Dunkelheit und Angst.

Jene, die voller Gnade sind,
werden unschuldige Kinder genannt,
sie beten zum ewigen Licht
und verehren seine Herrlichkeit.

◦ ◦ ◦

Welcher Geist ist groß zu nennen?
Der die Kräfte des Guten nährt
und den heiligen Lehren und Weisen
reinen Herzens dient;

der dem Weg der Friedenden folgt,
der in der Freiheit der Stille ruht
und der nicht müde wird,
alles rein und in Ehren zu halten;

der in allen Welten zu allen Zeiten
die Werke der Lichtenden bewahrt
und der sich fortwährend darin übt,
alle Wesen zur Reife zu führen.

67

◦ ◦ ◦

Wer nach höchster Weisheit verlangt,
muss den Schutz der Berge verlassen,
den Schutz von Heiligkeit und Erleuchtung,
den Schutz der stillen Weite des Geistes.

Wer allen Ernstes das Höchste erbittet,
wird Gnade und Verzeihen finden,
Nachsicht, Milde und Güte
und mit dem Herzen hören lernen.

Wer sich der Lehre der Barmherzigen
mit Haut und Haar hingibt,
wird allumfassendes Mitgefühl
und vollkommene Weisheit erfahren.

68

◌ ◌ ◌

Jene, welche Frieden bringen,
bleiben im qualvollen Kreislauf
von Geburt und Tod
wie ein Licht in der Dunkelheit.

Unter dem Schutz höchster Weisheit
bezeugen sie die Kraft der Tugenden
und erinnern an die Freiheit
von Denken, Reden und Handeln.

Sie kennen nicht nur alle Übungen,
die das freie Atmen ermöglichen,
sondern bewahren auch die Reinheit
aller Weisungen des Weges.

◌ ◌ ◌

◦ ◦ ◦

Jene, die fest entschlossen sind,
nach Frieden bringender Weisheit zu streben,
fragen die Meister des Weges:
Wie können wir üben?

Wie können wir die Werke
der Gelichteten entwickeln,
wie können wir sie rein halten
und wie vollenden?

Wie besinnen wir uns auf den Weg,
wie schreiten wir weiter voran
und wie können wir lernen
mit vollkommener Weisheit tätig zu sein?

SICH AUF DEN WEG MACHEN UND DIE LEHRENDEN BEFRAGEN

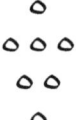

◇ ◇ ◇

Zuallererst fragen die Übenden
jene, die gute Werke vollbringen:
Wie lerne ich das Handeln der Friedenden,
wie gehe ich den Weg und lebe weise?

Wenn der Geist strahlend still ist
und das Herz sich in Versöhnung gründet,
ist inmitten dieser Geistes-Stille
ein andächtiges Gedenken des Lichtes möglich.

Jene, die dieses Andenken bewahren,
erblicken inmitten des Nichts
in tausend Formen und Farben
das Licht diamentener Weisheit.

75

◇ ◇ ◇

Als Zweites fragen die Übenden
jene, die am Tor des Ozeans leben
und in Unergründlichkeit gegründet sind:
Was bezeichnet man als ein Werk der Friedenden?

Wer das Herz meeresweit öffnet,
findet Weisheit ohne Horizont,
so weit das Auge reicht
und kann sie allen Wesen weitergeben.

Jene, die das Geweitetsein kennen,
lehren es und verfassen zahlreiche Bücher,
sie bewahren, erweitern und vollenden
die Schriften, die den Weg weisen.

◇ ◇ ◇

○ ○ ○

Als Drittes fragen die Übenden
jene, die an der Meeresküste wohnen
und die wie Wind und Wellen leben:
Wie handeln wir auf reine und klare Weise?

Frei von Hindernissen und Widerständen
die Gebote des Friedens zu befolgen,
macht das Grenzenlose möglich,
dessen Weite verschenkt werden kann.

Jene, die frei von Soll und Haben sind,
die nichts besitzen und nichts erwerben,
sind wie die Luft zum Atmen:
Sie erinnern alle Wesen an die Freiheit.

∘ ∘ ∘

Als Viertes fragen die Übenden
jene, welche die Medizin der Freude lehren
und die Kunst des Heilens beherrschen:
Wie verrichten die Friedenden gute Werke?

Wie die Sonne die Finsternis erhellt,
wie die Erde Kraft und Nahrung schenkt
und der Regen Wachstum möglich macht,
so unterstützen sie den Weg in die Freiheit.

Jene, die eine Brücke über das Meer
der ewig fortdauernden Todesqualen sind,
befreien alle Wesen von Schrecken und Angst
und schützen sie wie Eltern ihre Kinder.

∘ ∘ ∘

78

○ ○ ○

Als Fünftes fragen die Übenden
jene, die unermesslich reich an Tugenden sind:
Wie üben wir den Weg des Friedens
und führen die reinen Werke zur Meisterschaft?

Wer das Denken Tag und Nacht reinhält,
lernt in allen Formen und Farben
die Klarheit des ewigen Lichts zu sehen
und achtet die Bilder des Tages und der Nacht.

Jene, welche sämtliche Gestalten des Lichts
nicht nur selber wahrnehmen können,
sondern auch andere Wesen sehen lassen,
befreien von Blindheit und Angst.

◌ ◌ ◌

Als Sechstes fragen die Übenden
jene, deren Stille des Geistes Weite strahlt:
Wie schreiten die Friedenden auf dem Weg voran
und wie üben sie die Werke des Friedens?

Nichtigkeiten zu vernichten,
sich in Abgründigkeit tief zu gründen
und die Endlichkeit zu beenden
– das bewegen die Unbewegten.

Jene, welche das Innehalten meistern,
gebären tausendfache Freiheiten,
den leidenden Wesen zu helfen
und sie von allen Qualen zu erlösen.

◇ ◇ ◇

Als Siebentes fragen die Übenden
jene, deren Herzensbitten erfüllt sind:
Wie gehen die Friedenden weiter
und wie halten sie den Weg rein?

Sie lehren nicht viele Wesen, sondern alle,
sie schützen nicht viele Wesen, sondern alle,
sie erkennen nicht viele Wesen, sondern alle,
sie befreien nicht viele Wesen, sondern alle.

Jene, welche die Freiheit von Angst
als heilige Lehre verinnerlicht haben,
bleiben als Zeichen des Friedens
in einer Welt, die um Mitgefühl bittet.

○ ○ ○

Als Achtes fragen die Übenden
jene, deren Stimme frei von Angst ist:
Wie schreiten die Friedenden vorwärts
und wie handeln sie im Sinne des Friedens?

In der Stille des Geistes offenbaren sie
die Strahlen des Lichts höchster Weisheit,
die Strahlen vollkommener Reinheit,
die Strahlen allumfassender Barmherzigkeit.

Jene, denen tausende Bäume dienen
und die sich mit den Früchten des Waldes kleiden,
zeigen die Weisheit der Unzerstörbarkeit
im Angesicht von Freiheit und Frieden.

◌ ◌ ◌

Als Neuntes fragen die Übenden
jene, deren Geist sanft, rein und klar ist
und die weiter und weiter fortschreiten:
Was ist unter „Fortschreiten" zu verstehen?

Sich von einem Berg aus Schwertern zu stürzen
in ein Meer aus Flammen, wieder und wieder,
das ist ein Fortschreiten durch leidvolle Übungen,
es verbrennt Leidenschaft um Leidenschaft.

Jene, die nicht nur den teuflischen Stolz verbrennen,
sondern auch die Selbstsucht all derer,
die sich für göttlich und auserwählt halten,
üben auf diamantene Weise.

◌ ◌ ◌

◇ ◇ ◇

Als Zehntes fragen die Übenden
jene, die überreich an Tugenden sind
und deren Anstrengung rein und klar ist:
Wie kommen die Friedenden weiter voran?

Zuerst ist der Geist der Gleichheit hervorzubringen,
dann öffnen sich millionenfache Tore
zu den Schatzkammern der Tugenden,
die das Reine und Gute verherrlichen.

Jene, welche die Staubkörner der Welt
achtsam in ihrem Innersten schauen
und in jedem ein Tor zur Freiheit erkennen,
werden befreit, von Staubkorn zu Staubkorn.

◦ ◦ ◦

Als Elftes fragen die Übenden
jene, deren Haltung und Leben
als wahrhaft gut erscheinen:
Wie gehen die Friedenden weiter?

Wer in allem Unerschöpfliches sieht
und sich nicht anders zu helfen weiß,
als „unsagbar unsagbar" zu sagen,
ist voller Staunen über das ewige Leuchten.

Jene, deren Sehkraft klar und weit ist
und denen alle Dämonen dienen,
gehen von Herrlichkeit zu Herrlichkeit
wie in einem Wald umher.

○ ○ ○

Als Zwölftes fragen die Übenden
jene, die wie Kinder reinen Herzens
die Sandkörner am Meer zählen:
Was sind die Werke der Friedenden?

Physiognomie, Arithmetik, Magie,
Geometrie, Algorithmen, Harmonie,
Taxonomie, Indikatoren, Ontologie
– das ist Logie, Sophie und Genie.

Jene, welche Kunst und Wissenschaft
spielerisch in Zahlen und Buchstaben meistern,
entgiften, entzaubern, entfesseln
die Wesen von allerlei Unheil.

◇ ◇ ◇

Als Dreizehntes fragen die Übenden
jene, die „allmächtig" genannt werden
und denen ausschließlich edle Wesen dienen:
Wie ist das Handeln der Friedenden?

Nicht nur Körper und Geist zu nähren,
sondern stetig Brot und Wasser zu mehren,
für alle, die Zweifel und Teufel abweisen,
um sie mit Worten und Taten zu speisen.

Jene, die in Unerschöpflichkeit handeln
und frei fließend die Friedenden beschenken,
befreien mit ihrer Reinheit und Güte
alle Wesen von jeglicher Selbstsucht.

◇ ◇ ◇

◇ ◇ ◇

Als Vierzehntes fragen die Übenden
jene, die als Gipfel der Tugend bezeichnet werden:
Wie schreiten die Friedenden weiter voran
und wie handeln sie im Sinne des Friedens?

Die Gütigen nehmen alle Wesen freundlich auf,
geben Essen, Kleidung, Obdach, Medizin
und nicht zuletzt die Lehre von dem einen Weg,
der allen Herzen Frieden bringt.

Jene, welche die Liebe zu den Tugenden verschenken
und allen Wesen ermöglichen
Herzensreinheit zu erlangen,
werden durch ihr Handeln selbst zum Geschenk.

∘ ∘ ∘

Als Fünfzehntes fragen die Übenden
jene, die nicht nur reich an Tugenden,
sondern auch an Gefährten der Wahrheit sind:
Was sind die Werke der Friedenden?

Heiligen Menschen zu dienen,
bringt heilige Gefährtenschaft hervor,
ihnen ein Haus zu bauen,
ermöglicht in ihrer Mitte zu wohnen.

Jene, die von Übenden umgeben sind,
von reinen und klaren Menschen,
von Lehrenden, Weisen, Leuchtenden,
deren Durst ist für immer gestillt.

◇ ◇ ◇

Als Sechzehntes fragen die Übenden
jene, die nicht nur reich an Tugenden sind,
sondern auch alle Wesen zu heilen wissen:
Wie sind die Werke der Friedenden?

Freigebig schenken die Heilenden
den Erkälteten lindernde Düfte,
den Verkrampften warme Bäder,
den Vergifteten milde Speisen.

Jene, die den Weg der Genesung lehren,
zeigen den Zornigen die Barmherzigkeit,
den Gierigen den Unrat der Welt
und den Irrenden das Licht der Wahrheit.

○ ○ ○

Als Siebzehntes fragen die Übenden
jene, die aus der Fülle der Genügsamkeit
in grenzenloser Weite herrschen:
Wie sind die Werke der Friedenden?

Wer zum Schein mit Abschreckung arbeitet,
um Morden und Vergewaltigen zu verhindern,
der ermöglicht den Wesen sich umzuwenden
und nach dem Guten Ausschau zu halten.

Jene, die mit Weisheitskraft
wie Könige zu regieren wissen,
erlassen zum Schein verbindliche Gesetze,
die den Wesen helfen unterscheiden zu lernen.

○ ○ ○

◇ ◇ ◇

Als Achtzehntes fragen die Übenden
jene, die wie aus einem diamantenen Palast
voll Güte in die Welt hinausstrahlen:
Wie sind die Werke der Friedenden?

Millionen Friedende auf die Straßen zu senden,
den Wesen mit Gütern und Gaben beizustehen
und sie einzuladen das Gute zu üben,
befreit von Schrecken und Angst.

Jene, die sich die Gräueltaten der Menschen
zu Herzen nehmen und mit der Stille des Geistes
wieder in die Welt eintreten, die Wesen zu führen,
sind wie Leitsterne voller Gnade.

◇ ◇ ◇

◦ ◦ ◦

Als Neunzehntes fragen die Übenden
jene, die in Unerschütterlichkeit ruhen
wie der volle Mond unter den Sternen:
Wie sind die Werke der Friedenden?

Wer sich eifrig in Geduld und Klarheit übt
und einen stillen, weiten, fröhlichen Geist entwickelt,
der die Kraft hat, das zu schützen, was dem Leben dient,
wird alle Leidenschaften vernichten.

Jene, deren Reinheit unzerstörbar ist,
sind von einem strahlenden Leuchten,
das alle Wesen gleichermaßen berührt
und sanft und milde werden lässt.

○ ○ ○

Als Zwanzigstes fragen die Übenden
jene, die sich mit Wenigem begnügen
und die überall Frieden stiften:
Wie sind die Werke der Friedenden?

Für tausende Wesen in tausenden Gegenden
gibt es tausende Wege in die Freiheit;
wer in der Kraft ruht, überallhin gehen zu können,
vermag jedes Wesen auf seine Weise zu lehren.

Jene, die von Land zu Land gehen,
die in Gleichnissen zu reden wissen
und die Menschen von Irrlehren befreien,
stiften wahrhaft Frieden in der Welt.

❍ ❍ ❍

Als Einundzwanzigstes fragen die Übenden
jene, die voller Reinheit und Gütekraft
allerlei Arzneimittel kennen und einsetzen:
Wie sind die Werke der Friedenden?

Wer die Apothekenkunst beherrscht,
weiß, welche Droge den Körper reinigt,
welche beruhigt, welche stärkt
und welche den Friedensweg unterstützt.

Jene, die den Wesen helfen,
heilende und befreiende Mittel,
Gegenmittel und geheime Mittel
kennenzulernen, wirken für den Frieden.

◇ ◇ ◇

Als Zweiundzwanzigstes fragen die Übenden
jene, die das Meer der Weisheit kennen
wie die Seeleute die Meere der Welt:
Wie sind die Werke der Friedenden?

Nicht nur auf das Meer hinauszufahren,
sondern auch an der Küste zu bleiben
und den Wesen die Größe des Meeres nahezubringen,
hilft denen, die um Kraft bitten.

Jene, die mit der Quelle der Weisheit
im Herzensinneren zutiefst vertraut sind,
meistern das gütige Lehren aller Wesen
und die reinen Werke der großen Barmherzigkeit.

◇ ◇ ◇

◇ ◇ ◇

Als Dreiundzwanzigstes fragen die Übenden
jene, die vortrefflich zu lehren wissen
und reine Werke des Friedens stiften:
Wie sind die Werke der Friedenden?

Wer in jener verborgenen Kraft zu ruhen gelernt hat,
die „aus sich selbst entspringend", „göttlich"
und „geheimnisvoll" genannt wird,
befreit alle Wesen von Angst.

Jene, die in alle Städte und Dörfer gehen
und das reine Denken, Reden und Handeln lehren
und das Morden, Rauben und Schänden beenden,
stiften tausendfach Frieden in der Welt.

◇ ◇ ◇

○ ○ ○

Als Vierundzwanzigstes fragen die Übenden
jene, die um des Glücks aller Wesen willen
sich anstrengen wie kämpfende Löwen:
Wie sind die Werke der Friedenden?

Grundlos und bodenlos ist alles
im Wissen derer, die Grund und Boden,
ohne Anfang, ohne Ende aller Zeiten,
vollkommen gestaltlos Gestalt geben.

Jene, die wie die Sonne überallhin strahlen,
wohin auch das Auge zu blicken vermag,
leben wortlos alle Weisheitsworte
und ertragen das Untragbare mit stillem Edelmut.

◦ ◦ ◦

Als Fünfundzwanzigstes fragen die Übenden
jene, die „Freunde der Welt" genannt werden:
Wie ist es möglich, die Werke der Friedenden
zu vollenden und weiter und weiter zu gehen?

Wer in der Welt zu Hause ist,
die, frei von Leidenschaften, alles umarmt,
lehrt die Wesen sanft und friedlich zu sein
und jederzeit still und unbefangen zu handeln.

Jene, deren Reinheit strahlt,
erleuchten mit ihrer Wahrhaftigkeit die Finsternis,
während sie alle Wesen gleichermaßen küssen und herzen,
befreien sie die Gierigen von jeglicher Begierde.

◦ ◦ ◦

◦ ◦ ◦

Als Sechsundzwanzigstes fragen die Übenden
jene, die in einem einzigen Augenblick
jedes Licht zu jeder Zeit sehen können:
Wie entwickeln die Friedenden sich weiter?

Zu sehen, dass kein Licht für immer verschwindet
und dass in Vergangenheit, Gegenwart und Zukunft
jegliches Leuchten weder entsteht, noch vergeht,
lässt erfahren, dass alles ein einziges Leuchten ist.

Jene, die wahrhaft sehen können,
dass es im Grunde nichts zu erleuchten gibt,
weil alles von Natur aus licht und frei ist,
leben in der Wohnung des Friedens.

◦ ◦ ◦

◌ ◌ ◌

Als Siebenundzwanzigstes fragen die Übenden
jene, die in alle Herzen schauen
und ihnen Strahlen von Güte schenken:
Wie sind die Werke der Friedenden?

Wer, voll von Mitgefühl und Gnade,
alle Wesen lehrt frei von Angst zu sein,
weckt in ihnen das Bedürfnis
nach weiser Barmherzigkeit zu streben.

Jene, die durch die Lehre mitfühlender Weisheit
die Wesen im Innersten erschüttern,
können alle Arten von Angst vernichten
und die Wesen für immer befreien.

◌ ◌ ◌

◦ ◦ ◦

Als Achtundzwanzigstes fragen die Übenden
jene, die überallhin zu gehen vermögen:
Wie entwickeln sich die Friedenden weiter,
wie machen sie Fortschritte auf dem Weg?

Wer sich immer eifrig anstrengt,
einen klaren Körpergeist gewinnt
und sich in den reinigenden Tugenden übt,
kann das Überallhingehen erlernen.

Jene, die in einem einzigen Augenblick
tausende Welten durchschreiten
und jedes Wesen nach seinen Kräften lehren,
können wahrhaft schnell und weit gehen.

◦ ◦ ◦

102

○ ○ ○

Als Neunundzwanzigstes fragen die Übenden
jene, die über große Reichtümer verfügen
und diese den Friedenden anvertrauen:
Welche Werke sind die Werke des Friedens?

Wenn es den Friedenden geschenkt ist,
tausend kostbare Schätze zu ergreifen
und sie mit vollen Händen weiterzuschenken,
lehren sie die Kunst des Almosengebens.

Jene, welche die Friedenden unterstützen
und sagen: „Verteilt die Schätze unter allen Wesen
und lehrt Begierdelosigkeit und Freigebigkeit!",
bezeugen, dass alles reichlich vorhanden ist.

◦ ◦ ◦

Als Dreißigstes fragen die Übenden
jene, die den Weg der Friedenden behüten
und die „Friedliches Wohnen" genannt werden:
Wie gehen die Friedenden weiter?

Die Früchte gütigen Handelns aus vergangenen Tagen
nicht nur erkennen zu können,
sondern auch ihre bleibende Kraft zu verstehen,
hilft, auf dem Weg weiter voranzuschreiten.

Jene Wesen, welche die Friedenden begleiten
und welche sie die Früchte ihrer Taten sehen lassen,
ermutigen sie weiter zu schauen, zu jenen Werken hin,
die durch die vollends Gelichteten erstrahlen.

◦ ◦ ◦

◦ ◦ ◦

Als Einunddreißigstes fragen die Übenden
jene, die wie Sterne mit strahlendem Mitgefühl
allen Wesen nachts den Weg leuchten:
Welches Handeln ist im Sinne des Friedens?

Wer, aus großer Barmherzigkeit heraus,
Irrtümer und Todesängste aller Wesen vernichtet
und sie nach höchster Weisheit streben lässt,
strahlt hell am nächtlichen Himmel.

Jene, die wie die Sterne leuchten,
sagen zu den Friedenden: Folgt uns nach,
seid ein Licht in der Finsternis
und befreit die Wesen von der Ur-Blindheit!

◦ ◦ ◦

◇ ◇ ◇

Als Zweiunddreißigstes fragen die Übenden
jene, die wie Sterne ihre Strahlkraft dafür einsetzen
alle Wesen nach höchster Weisheit streben zu lassen:
Wie schreiten die Friedenden weiter voran?

Noch weiter sich ins All hineinzuweiten,
noch tiefer in den Geist hinabzutauchen,
noch stiller und achtsamer zu werden,
ermöglicht in allen Wesen das Licht zu sehen.

Jene, die in der grenzenlosen Freiheit des Geistes
alle inneren Bewegungen beruhigen,
sind angefüllt mit jener All-Weisheit,
die alle Wesen liebevoll in die Arme nimmt.

◇ ◇ ◇

◌ ◌ ◌

Als Dreiunddreißigstes fragen die Übenden
jene, die wie Sterne mit fröhlichen Augen
alles Geschehen und alle Wesen gleichermaßen betrachten:
Wie vertiefen die Friedenden das Üben?

Wer mit fester Entschlossenheit
jeden Augenblick als ein neues Leben
und eine neue Möglichkeit begreift
Frieden zu üben, wird zum Frieden werden.

Jene, die im Streben nach höchster Weisheit,
von Gelichtetsein zu Gelichtetsein,
durch alle Bewusstseinstore gegangen sind,
strahlen unermessliche Fröhlichkeit in die Welt.

◌ ◌ ◌

✿ ✿ ✿

Als Vierunddreißigstes fragen die Übenden
jene, die wie hell leuchtende Sterne
mit der Kraft eines vollen Mondes strahlen:
Wie kann diese Leuchtkraft des Friedens geübt werden?

Wer sein Leben in Hingabe verschenkt
an das göttliche Licht mit tausend Namen
und den Körpergeist vollkommen lichtet und reinigt,
wird selbst zu einem Licht für alle Wesen.

Jene, die sagen, es sei schwer zu verstehen,
was das Göttliche sei, predigen davon
den Weg zu vollenden, der einmal begonnen wurde
und dem Licht des Friedens zu jeder Zeit zu dienen.

◇ ◇ ◇

Als Fünfunddreißigstes fragen die Übenden
jene, die wie Sterne von stiller Beredtheit sind:
Wie sind die Werke, die Taten, die Übungen
und die Vorgehensweisen der Übenden?

Almosen pflegen, Gebote befolgen, Demut lernen,
sich anstrengen, den Geist sammeln, Weisheit üben,
den Weg beschreiben, Höchstes erstreben, Kraft entwickeln,
höchste Weisheit meistern – das sind die zehn Übungen.

Jene, die in unermesslicher Fröhlichkeit wohnen,
pflegen Almosen der Wahrheit zu geben,
sie sagen: Strengt euch an, folgt den Lehren
und bringt die zehn Friedenswerke zu Ende!

◇ ◇ ◇

◌ ◌ ◌

Als Sechsunddreißigstes fragen die Übenden
jene, die wie Sterne in der grenzenlosen Freiheit
und Weite des Alls zu Hause sind:
Wie entwickeln die Friedenden ihr Handeln weiter?

Wer in allem die Weite des Raumes,
Lichtheit, Leerheit und Freiheit erkennt
und der klaren, reinen Stimme der Stille folgt,
ist mit der „Sache als solcher" vertraut.

Jene, die zu jeder Zeit alle Wesen
Unendlichkeit, Unbegrenztheit, Unzerstörbarkeit
sehen lassen, in allen Dingen, innen wie außen,
vollenden das Meer lichter Weisheit.

◌ ◌ ◌

◇ ◇ ◇

Als Siebenunddreißigstes fragen die Übenden
jene, die wie Sterne fröhlich strahlen,
Genügsamkeit lehren und dadurch Frieden bringen:
Auf welche Weise handeln die Friedenden?

Wer in jedem Wesen ein neugeborenes Kind
oder Eltern, Unterstützende, Lehrende, Weisende,
eine Obstwiese oder einen blühenden Garten sieht,
lernt alle gleichermaßen zu lieben und zu ehren.

Jene, die wie der Abendstern hell leuchten,
weisen allen Wesen ohne Unterschied den Weg,
ob im Gebirge, auf dem Meer oder in der Wüste,
sie führen die Irrenden an einen friedlicheren Ort.

◇ ◇ ◇

◇ ◇ ◇

Als Achtunddreißigstes fragen die Übenden
jene, die wie Sterne, Mond und Sonne
mit mächtigen Strahlen die Wesen beschützen:
Wie verwirklichen die Friedenden den Weg des Friedens?

Wer begreift, dass kein einziger Körper
jemals getrennt von einem anderen ist,
setzt sein Leben für diese so genannten Anderen ein
und tauscht die Gefangenen gegen seine Freiheit.

Jene, die wie große Schiffe niemals ruhen,
weder im Hafen noch auf offener See,
holen die Wesen aus dem Gefängnis der Angst heraus
und bringen sie an das Ufer der Furchtlosigkeit.

◇ ◇ ◇

◦ ◦ ◦

Als Neununddreißigstes fragen die Übenden
jene, die wie Sterne das Entstehen des Leuchtens
und den Ursprung von allem Sterne-Sein kennen:
Wie wird man zu einem Leuchtturm für die Welt?

Wer ein Licht sein will in der Welt,
muss nicht nur sich selber sterben, auch geboren werden,
nicht nur geboren werden, auch gebären,
nicht nur gebären, auch ernähren.

Jene, welche mit den Lehren der Geburt vertraut sind,
sind in grenzenloser Freiheit zu Hause,
inmitten der stillen Leerheit eines Spiegels
vollenden sie das Reine, das Gute, das Wahre.

◦ ◦ ◦

◇ ◇ ◇

Als Vierzigstes fragen die Übenden
jene, welche die Erde beschützen:
Wie bleiben die Friedenden vollkommen rein
und gleichmütig inmitten von Geburt und Tod?

Gelübde, reine Werke, Zuversicht, Weisheitskraft,
die Freude des Staunens, des Lernens, des Gehorsams,
die Freiheit von Geburt und Tod, Schutzhüttenbau
und Barmherzigkeit sind die Grundsteine des Weges.

Jene, die vortrefflich wie die Sonne strahlen,
erinnern mit ihrem Licht die wahrhaft Übenden daran
nach großen Lehrenden Ausschau zu halten
und diese Hervorragenden um Unterweisung zu bitten.

◇ ◇ ◇

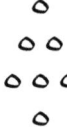

INNEHALTEN
UND WEITERGEHEN
ZU DEN HERVORRAGEND LEHRENDEN

◌ ◌ ◌

Inmitten des Weges halten die Übenden inne,
sie folgen der Weisung von den Großen zu lernen
und bewegen die Frage in ihrem Herzen:
Wie begegne ich den hervorragend Lehrenden?

Wenn die Meister weder aus- noch eingehen,
wenn sie ohne ein zu Bewohnendes wohnen,
sich in Weite und Tiefe immerzu fortbewegen
und keine Spur hinterlassen – wie sind sie dann zu finden?

Jene, welche die Burg des Geistes beschützen,
sagen: Schützt den Geist vor allen Störungen,
bleibt rein, klar, offen, ausgerichtet
und das Sehen der Lehrenden kommt von selbst.

◌ ◌ ◌

◦ ◦ ◦

Inmitten des Weges reinigen die Übenden den Geist,
bis ihnen das Auge der Klarheit zehn Schritte aufzeigt,
wie sie zu den hervorragend Lehrenden gelangen
und mit ihnen in innige Verbindung treten können:

Durch Unerschütterlichkeit, durch Unterscheidungsvermögen,
durch Aufrichtigkeit, dadurch, allen eine Herberge zu sein,
dadurch, in das Herzensinnere aller Wesen zu schauen
und durch Vertrauen in die Kraft der Heilung;

dadurch, mit Hilfe von Meistern das Ewige zu betrachten,
durch ein Barmherzigsein, das allen Wesen beisteht,
durch Weitsicht und durch jene Heilkunst,
die Regen für alle Wesen gleichermaßen fallen lässt.

◦ ◦ ◦

◇ ◇ ◇

Inmitten den Weges schlichten die Übenden den Geist,
bis sie sehen, dass nichts verschieden voneinander ist
und das alles auf vortreffliche Weise lehrt,
jeder Baum, jeder Sein, jedes Tier, jeder Stern.

Die Geübten sagen: Verneigt euch in alle Richtungen
und dann sucht die hervorragend Lehrenden,
betrachtet alle Arten des Geistes mit großer Wachheit
und dann sucht die vortrefflich Lehrenden.

Die Geübten sagen: Reist mutig in allen Welten umher,
begreift den Körper geradewegs so wie einen Traum
und das Umhergehen wie einen Blitzstrahl
und dann geht zu den großartig Lehrenden.

◇ ◇ ◇

◦ ◦ ◦

Als Einundvierzigstes fragen die Übenden
jene, die hervorragend lehren
und die wie Königinnen Mütter aller Herrschenden sind:
Wie dienen die Friedenden dem Licht der Freiheit?

Wer ein Mutterschoß für alle Friedenden ist,
nimmt jene auf, die in Frieden leben,
so dass sie lernen können, ein Licht zu sein
und allen Wesen Frieden zu bringen.

Jene, die Menschen wie Licht gebären,
sind frei von Meinungen, Deutungen, Gedankenspielen,
sie beherrschen alle Erscheinungsformen des Lebens
mit vollkommen königlicher Lauterkeit im Herzen.

◦ ◦ ◦

◇ ◇ ◇

Als Zweiundvierzigstes fragen die Übenden
jene, die hervorragend lehren
und die als Erinnerung leben wie ein strahlender Himmel:
Wie gehen die Friedenden auf dem Weg weiter?

Wer im Herzen all jenen einen Tempel baut,
die, gelichtet, erhellt und befreit,
allen Wesen gleichermaßen leuchten,
bleibt im Gedenken an das ewige Licht.

Jene, die mit ihrem Leben Tag und Nacht
an das Licht der Freiheit erinnern,
ihm dienen, es ehren und beschützen,
leiten die Friedenden auf dem Weg der Erlösung.

◇ ◇ ◇

○ ○ ○

Als Dreiundvierzigstes fragen die Übenden
jene, die hervorragend lehren
und die als Freunde aller Wesen leben:
Wie gehen die Friedenden auf dem Weg weiter?

Wer jene kennt, die etwas wissen
und diese Kenntnis mit Anderen teilt,
hilft den Wesen auf dem Weg des Friedens
zu höchster Weisheit zu gelangen.

Jene, welche junge Menschen unterweisen
und ihre Talente erkennen und fördern,
lehren auf großartige Weise,
sie unterstützen die Meister von morgen.

○ ○ ○

○ ○ ○

Als Vierundvierzigstes fragen die Übenden
jene, die hervorragend lehren
und die Meister von vielen Künsten sind:
Wie gehen die Friedenden auf dem Weg weiter?

Wenn jeder Buchstabe an eine Fähigkeit erinnert
sich auf die höchste Weisheit zuzubewegen,
dann ist das tägliche Sprechen des Alphabets
eine meisterhafte Erinnerung an den Weg.

Jene, die bei A den Anfang machen
und bei Z voller Zuversicht sind,
bleiben mit G wie Geduld und H wie Hingabe
den Friedenden ein Zeichen der Erlösung.

◇ ◇ ◇

Als Fünfundvierzigstes fragen die Übenden
jene, die hervorragend lehren
und deren Weisheit vortrefflich ist:
Wie gehen die Friedenden auf dem Weg weiter?

Wenn die Weite des Geistes über den Gegensatz
von erschöpflich und unerschöpflich hinausgeht,
dann sind Sehen, Hören, Denken, Reden, Handeln
voll von unerschöpflicher All-Weisheit.

Jene, welche sich in Bodenlosigkeit üben,
lehren eben jene bodenlose Unerschöpflichkeit,
die ein Meer der Weisheit, des Mitgefühls,
der reinen Werke und wahrhaftiger Erhellung hervorbringt.

◦ ◦ ◦

Als Sechsundvierzigstes fragen die Übenden
jene, die hervorragend lehren
und die fest in der Freiheit gegründet sind:
Wie gehen die Friedenden auf dem Weg weiter?

Frei zu sein von allen Wünschen und Neigungen
und ganz und gar mit reinem Herzen
auf das Ewige ausgerichtet zu sein,
ermöglicht ein Leben, das bedürfnislos ist.

Jene, deren Verlangen für immer gestillt ist,
die weder mehr Licht, noch mehr Regen,
weder mehr Nahrung, noch mehr Boden erbitten,
leben auf einem Acker, der reich an Früchten ist.

◇ ◇ ◇

Als Siebenundvierzigstes fragen die Übenden
jene, die hervorragend lehren
und die wie der volle Mond strahlen:
Wie gehen die Friedenden auf dem Weg weiter?

Wer das Licht der Sonne,
wie der volle Mond in der Nacht,
allen Wesen scheinen lässt,
ist reich an Güte und Reinheit.

Jene, deren Haus voller Strahlen
von reinster Weisheit leuchtet,
erhellen alle, die zu ihnen kommen,
sie lehren den Weg der Erlösung.

◇ ◇ ◇

Als Achtundvierzigstes fragen die Übenden
jene, die hervorragend lehren
und die reich an Siegen und Fortschritten sind:
Wie gehen die Friedenden auf dem Weg weiter?

Wer im Anfang zu Hause ist,
wo die Geburt allen Dingen Gestalt gibt,
füllt die Schatzkammern von Reinheit und Güte
mit Unerschöpflichkeit.

Jene, welche die Freiheit gemeistert haben
in allen Gestalten das ewige Licht zu sehen,
haben seine unermesslichen Formen immer vor Augen
und leben niemals in Finsternis.

◇ ◇ ◇

◦ ◦ ◦

Als Neunundvierzigstes fragen die Übenden
jene, die hervorragend lehren
und die das Höchste der stillen Freiheit verkörpern:
Wie gehen die Friedenden auf dem Weg weiter?

Wer in der Sprache des Herzens zu Hause ist
und seine Bitten, Wünsche und Anliegen versteht,
beherrscht jene Sprache, die zu höchster Weisheit führt
und wird fortan nie mehr zurücktreten oder aufgeben.

Jene, welche der Weisheitssprache des Herzens
die Führung in ihrem Leben überlassen,
erfahren, dass alle Taten und Werke,
die sie durchzuführen gedenken, vollendet werden.

◦ ◦ ◦

◌ ◌ ◌

Als Fünfzigstes fragen die Übenden
jene, die hervorragend lehren
und die wie Zwillinge als Weisheit und Mitgefühl leben:
Wie gehen die Friedenden auf dem Weg weiter?

Wer die Spiegelbilder des Lebens als Wohnung erfährt,
die wie die Wolken des Himmels Heimat bieten,
erkennt, dass alles vergeht und entsteht,
einzig durch große Weisheit und große Liebe.

Jene, die im Schutz des Tores leben,
das aus Lilien wunderbarer Bedeutung besteht,
sind wie die Weisheit aus Reinheit geboren
und vereinen wie das Mitgefühl die Kräfte des Guten.

◌ ◌ ◌

WEISHEIT UND MITGEFÜHL
SIND WIE ZWILLINGE
MITEINANDER VERBUNDEN

○ ○ ○

Weisheit und Mitgefühl sagen:
Es gibt einen Ort des Hingegebenseins,
des Ehrens, des Achtens, des Heiligens,
des Reinigens, des Bewahrens.

Er besteht aus den Werken der Gelichteten,
aus dem großen Anliegen ihrer Herzen,
aus Güte, Weisheit und Mitgefühl,
aus Übungswegen und Vorgehensweisen.

Dort wohnen die großen Meister,
die von höchster Weisheit sind,
die alle Wesen gleichermaßen lieben
und die das Leben der Friedensboten zeigen.

○ ○ ○

Weisheit und Mitgefühl sagen:
Die großen Meister sind voller Gnade,
voll von Freundlichkeit und Güte,
sie stärken die Kräfte des Guten.

Sie führen auf den Weg zu höchster Weisheit,
sie erklären das Vorgehen der Großen,
die freiwillige Geburt der Großen
und die Barmherzigkeit der Großen.

Fragt diese Meister, was es braucht,
den Weg der Friedensboten zu erreichen,
das Anliegen des Herzens zu verfolgen
und heilsame Kräfte zu entwickeln!

○ ○ ○

◇ ◇ ◇

Weisheit und Mitgefühl sagen:
Die großen Meister sind wahrhaft Heilige,
welche die Schätze von Reinheit und Güte
von tausenden Lichtgestalten hüten.

Sie sind vortrefflich Lehrende,
welche dem Anliegen des Herzens,
höchste Weisheit und Barmherzigkeit zu erlangen,
große Kraft verleihen.

Fragt diese Meister, was es braucht,
den Geist zu reinigen,
Geduld und Demut zu entwickeln
und Erfahrungen machen zu können!

◇ ◇ ◇

◇ ◇ ◇

Weisheit und Mitgefühl sagen:
Die wahrhaft Großen bewirken
die Wurzel der Friedensbotschaft
im Inneren wachsen zu lassen.

Sie erklären den Weg und die Werke
und die Herzensanliegen der Friedenbringenden,
sie erklären die Lehre der Allmacht
und die Lehre der Gleichheit.

Fragt diese Meister, was es braucht,
um tausend gute Werke hervorzubringen
und inniglich verbunden zu sein
mit den vortrefflich Lehrenden!

◦ ◦ ◦

Weisheit und Mitgefühl sagen:
Jene, die Frieden bringen wollen,
sollen sich nicht mit einer Sache begnügen,
mit einer Tat, einem Werk oder einem Anliegen.

Sie sollen sich nicht damit begnügen,
eine Lehre des Lichts zu kennen
oder mit einem Meister vertraut zu sein
oder eine heilsame Kraft zu beherrschen.

Warum? Weil jene, die Frieden bringen können,
bestrebt sind viele solcher Taten auszuführen
und viele Leiden zu vernichten,
weil sie viele Wesen reifen lassen wollen.

○ ○ ○

Weisheit und Mitgefühl sagen:
Jene, die Frieden bringen wollen,
sollen viele Selbstsüchte
und viele Irrtümer vernichten wollen.

Sie sollen viele Wesen verstehen
und die Millionen Abgründe
der Wesen nicht tadeln wollen,
sondern ihre Höllenqualen stillen.

Sie sollen zu diesem Zweck
viele Leidenschaften heilen,
viele Wesen erhellen
und viele Weisheitswege hervorbringen.

◦ ◦ ◦

Weisheit und Mitgefühl sagen:
Jene, die Frieden bringen wollen,
sollen tausend heilige Lehren lernen
und vielen großen Meistern dienen.

Sie sollen zahlreiche Kräfte entstehen lassen,
Kräfte der Anstrengung, der Besinnung,
der inneren Sammlung, der Weisheit
und des allgegenwärtigen Lichts.

Sie sollen viele gute Werke vollbringen,
auf vielerlei Weise aufrichtig und ehrlich sein
und viele Kräfte der Wahrheit von Stille,
von Frieden und von Freisein erlangen.

◦ ◦ ◦

✧ ✧ ✧

Weisheit und Mitgefühl sagen:
Jene, die Frieden bringen wollen,
sollen unermessliches Wissen entfalten
und viele große Taten hervorrufen.

Sie sollen viele Kräfte des Willens,
der Reinheit und der Güte,
der Nachsicht, des Mitempfindens
und des Barmherzigseins entwickeln.

Sie sollen viele Möglichkeiten
des Geborenwerdens begreifen
und in zahlreichen Verkörperungen
erscheinen lernen.

◇ ◇ ◇

Weisheit und Mitgefühl sagen:
Jene, die Frieden bringen wollen,
sollen viele Sprachen kennen
und viele Werke aufrichten.

Sie sollen tiefsinnige Lehren betrachten,
schwer zu erfassende Bereiche erfassen,
schwer zu betretenden Boden betreten,
sie sollen tapfer bleiben.

Sie sollen viele Werke des Ehrens,
des Achtens und Heiligens begreifen,
sie sollen überall Kräfte hervortreten lassen,
die erhaben und göttlich genannt werden.

◇ ◇ ◇

◌ ◌ ◌

Weisheit und Mitgefühl sagen:
Jene, die Frieden bringen wollen,
sollen unermüdlich alle Formen
des Lebens rein halten.

Sie sollen die eine große Bitte des Herzens,
nämlich den Himmel auf Erden zu verwirklichen,
durch Übung in Ehren halten
und beständig Geduld und Demut entwickeln.

Sie sollen tausende Tore
des Bewusstseins durchschreiten
und zahlreiche Zeichen erhalten,
die ihren Weg bestätigen.

⚬ ⚬ ⚬

Weisheit und Mitgefühl sagen:
Jene, die Frieden bringen wollen,
sollen die Wolken der Wahrheitslehren,
die unzerstörbar sind, bewahren.

Sie sollen auf vielfache Weise
zu allen Zeiten
allen Licht- und Friedensboten dienen
und tausende Werke der Weisheit errichten.

Deshalb ist es notwendig
allen Ernstes
nach jenen großen Heiligen,
die meisterhaft lehren, zu verlangen.

◦ ◦ ◦

Weisheit und Mitgefühl sagen:
Jene, die Frieden bringen wollen,
sollen, sobald sie einen großen Meister vernehmen,
diesem ihr Herz vollkommen zu Diensten sein lassen.

Vor allem aber ist es notwendig
nicht nur nach Hingabe zu streben,
sondern frei von allen Zweifeln zu sein
und die Lehrenden dadurch zu erfreuen.

Warum? Weil sie ermöglichen,
all jene Kräfte, die heilsam sind,
nämlich die Kräfte des Reinen und Guten, zu erlangen
und wahrhaft reine Werke zu vollenden.

◦ ◦ ◦

◇ ◇ ◇

Weisheit und Mitgefühl sagen:
Die großen Meister machen es möglich
alle Formen der inneren Sammlung,
des Getieftseins und Geweitetseins zu erreichen.

Sie ermöglichen es alles Wissen
und alle Beredsamkeit zu erlangen,
alle Gebote zu befolgen,
alle Weisheit der Leuchtenden zu vollenden.

Mit ihrer Hilfe ist es möglich
alle Lehren zu erfassen,
auch die so genannten verborgenen Lehren
und die Lehren von der Geburt.

◇ ◇ ◇

◦ ◦ ◦

Weisheit und Mitgefühl sagen:
Die großen Meister machen es möglich
alle Werke der Friedenden auszuführen
und den gesamten Kosmos zu begreifen.

Sie ermöglichen es vollkommen wahrhaftig
in der großen Barmherzigkeit zu wohnen
und alle Wesen, die in der Hölle leben,
zum Weg der Freiheit zu führen.

Warum? Weil die meisterhaft Lehrenden
genau das mit ihrem Leben bezeugen
und weil sie aufzeigen können,
wie solche Werke und Wege zu erlernen sind.

○ ○ ○

Weisheit und Mitgefühl sagen:
Die großen Meister befreien
von Werken der Verblendung
und von Lehren, die in die Irre führen.

Die großen Heiligen vernichten Stumpfheit,
Irrtümer, Zerrbilder und Höllenqualen,
sie zeigen die Möglichkeiten
sich selbst befähigen zu können.

Sie zeigen den Lernenden,
was dem Leben dient und was nicht,
sie fördern Demut und Geduld,
sie lehren das Licht der Freiheit.

○ ○ ○

◇ ◇ ◇

Weisheit und Mitgefühl sagen:
Die großen Meister veranlassen,
Kräfte der Reinheit und Güte
zu entwickeln und zu vermehren.

Sie erinnern an die Leuchtenden,
sie veranlassen diese wahrnehmen
und ernst nehmen zu können
und in allumfassender Weisheit zu ruhen.

Sie veranlassen die wahrhaft edlen Lehren
im Herzen zu begreifen,
sie erinnern mit ihrem Leben daran
das Leben heller zu sehen.

◇ ◇ ◇

Weisheit und Mitgefühl sagen:
Die großen Meister sind wie eine Mutter,
welche den Lernenden ermöglicht
im Haus des Lichts geboren zu werden.

Sie sind wie Vater und Mutter,
welche die Kinder auf vielfache Weise befähigen,
sie sind wie Erziehende,
die vor Gefahren schützen.

Sie sind wie Lehrende,
die über die Gebote des Friedens aufklären,
sie sind wie Beschützende,
die Sorgen und Angst vertreiben.

151

○ ○ ○

Weisheit und Mitgefühl sagen:
Die großen Meister sind wie ein Klostergarten,
dessen Kräuter und Heilpflanzen
die Medizin der Weisheit hervorbringen.

Sie sind wie Lotsen,
die zum anderen Ufer führen,
sie sind wie ein Schiff,
das über das Meer von Geburt und Tod übersetzt.

Sie sind wie Ärzte,
die von Leiden und Leidenschaften befreien –
deshalb ist diesen meisterhaft Lehrenden
mit wahrhaftiger Hingabe zu dienen.

◦ ◦ ◦

Weisheit und Mitgefühl sagen:
Durch meisterhaft Lehrende ist es möglich
einen Geist hervorzubringen,
der vielfältig ist und der den Wesen dient.

Sie ermöglichen den Geist eines Berges,
der in Stürmen unerschütterlich sein lässt
und den Geist der großen Erde,
die alle Dinge tragen und ertragen kann.

Durch sie kann man einen Geist hervorbringen,
der wie ein Gebirge von Diamanten ist,
das selbst inmitten von Qualen
vollkommen unzerstörbar bleibt.

◦ ◦ ◦

○ ○ ○

Weisheit und Mitgefühl sagen:
Durch meisterhaft Lehrende ist es möglich
den Geist des Windes hervorzubringen,
um an allen Dingen vorbeigehen zu können.

Sie ermöglichen den Geist der Unterordnung,
der Stolz und Selbstüberschätzung vernichtet,
sie verhelfen zum Geist der Demut,
der von Ehrgeizigkeit befreit.

Durch sie kann man einen Geist hervorbringen,
der geradewegs wie der eines Kindes ist,
das sich an den Erwachsenen ausrichtet
und sich an den Vorangehenden erfreut.

❍ ❍ ❍

Weisheit und Mitgefühl sagen:
Durch meisterhaft Lehrende ist es möglich
den Geist von Schülern hervorzubringen,
die allen Lehren zu folgen vermögen.

Sie ermöglichen den Geist der Dienenden,
die leidvolle Arbeiten gern auf sich nehmen
und den Geist der Ernährenden,
um alle notwendigen Arbeiten verrichten zu können.

Durch sie kann man einen Geist hervorbringen,
der auf Grund von Reife zu unterscheiden weiß,
was eine günstige Zeit
und was eine ungünstige Zeit ist.

◌ ◌ ◌

Weisheit und Mitgefühl sagen:
Durch meisterhaft Lehrende ist es möglich
den Geist eines kleinen Hundes hervorzubringen,
um sich vom Zorn befreien zu können.

Sie ermöglichen den Geist eines guten Pferdes,
um Zügellosigkeiten zu beenden
und den Geist eines Lastwagens,
um alle Dinge aufnehmen zu können.

Durch sie kann man einen Geist hervorbringen,
der wie ein Vogel darauf achtet
täglich das gesamte Gefieder zu pflegen
und alle Glieder in Ordnung zu halten.

◌ ◌ ◌

✿ ✿ ✿

Weisheit und Mitgefühl sagen:
Durch meisterhaft Lehrende ist es möglich
den Geist einfacher Menschen hervorzubringen,
um sich von Hochmut befreien zu können.

Sie ermöglichen den Geist eines Schiffes,
um zwischen den Ufern hin- und herzufahren
und den Geist einer Brücke,
um über die Lehre hinausschreiten zu können.

Durch sie kann man einen Geist hervorbringen,
der jenes Hören ermöglicht,
welches der Lehre der Meister
gehorsam folgen lässt.

○ ○ ○

Weisheit und Mitgefühl sagen:
Haltet euch selbst für Leidende,
die Lehrenden für Ärzte
und die Lehre für Medizin.

Und sie weisen auch darauf hin:
Haltet euch für Weitgereiste,
die Lehrenden für Führende
und die Lehre für den Weg selbst.

Und ebenso sagen diese beiden:
Haltet euch für Schüler,
die Lehrenden für Lehrer
und die Lehre für eine Hausaufgabe.

○ ○ ○

◌ ◌ ◌

Weisheit und Mitgefühl sagen:
Haltet euch selbst für die Schwachen,
die Lehrenden für die Tapferen
und die Lehre für einen Waffenschutz.

Und sie weisen auch darauf hin:
Haltet euch für Geschäftsleute,
die Lehrenden für Führende
und die Lehre für einen Schatz.

Und ebenso sagen diese beiden:
Haltet euch für Kinder,
die Lehrenden für Eltern
und die Lehre für die Erhaltung der Familie.

◌ ◌ ◌

◦ ◦ ◦

Jenen, denen Weisheit und Mitgefühl
das Herz geöffnet haben,
wird es zu einem grundlegenden Bedürfnis
das Friedenbringen zu erlernen.

Sie entwickeln den Wunsch
frei von Verwirrung, Irrtum und Angst zu sein,
um Werke des Friedens zu errichten
und die heiligen Lehren zu beschützen.

Sie ehren und achten die großen Friedensboten
als Erinnerungen an das Licht der Freiheit
und bitten sie um Beistand, Demut und Geduld,
so dass die Kraft des Erleidenkönnens wächst.

◦ ◦ ◦

160

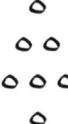

ORTE, AN DENEN HEILIGE WOHNEN, SIND WIE PALÄSTE DES FRIEDENS

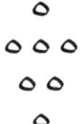

◇ ◇ ◇

Mit der Reinheit eines Kindes
sehen jene, die Frieden bringen wollen,
den Ort, wo der Schatz
der heiligen Lehren aufbewahrt ist.

Dieser Ort ist wie ein Tempel, ein Palast,
der wie das Weltall vollkommen weit ist,
der wie der leere Raum vollkommen frei ist,
der wie ein reines Wesen vollkommen licht ist.

Dieser Ort ist wie ein Bild im Spiegel,
ein Traum, ein Blitz, ein Echo,
dieser Ort sind Heilige, ein Vater, eine Mutter,
ein Feld, ein Wald, ein Garten, das gesamte All.

◇ ◇ ◇

◇ ◇ ◇

Ein Kind, das ein Friedensbote sein will,
bringt durch die Kraft der Ergebenheit und Demut
viele Verkörperungen von lichter Weisheit
und leuchtender Anteilnahme hervor.

Durch die Kraft der leidvollen Übungen
wird den heiligen Lehren Ehre erwiesen,
durch die Kraft der Weisheitsbefähigung
bringt solch ein Kind alle anderen Befähigungen hervor.

Durch die Kraft des Herzensanliegens,
das wie ein stetes Bedürfnis ist
mit höchster Weisheit Frieden zu bringen,
führt solch ein Kind die heiligen Lehren aus.

◇ ◇ ◇

Ein Kind, das ein Friedensbote sein will,
bringt durch die Kraft der Umwendung
die reinen Werke der Friedenbringenden
und den Bereich höchster Weisheit hervor.

Diese Kraft der Umwendung ermöglicht
sich, aus der Stille vollkommener Freiheit heraus,
einer anteilnehmenden Weisheit zuzuwenden,
die allerbarmend und allgütig ist.

Der Bereich umfassender Weisheit,
der das Freie und das Unfreie
gleichermaßen zu beherbergen versteht,
befähigt dazu ein Friedensbote zu sein.

◇ ◇ ◇

◌ ◌ ◌

Ein Kind, das ein Friedensbote sein will,
begreift, dass selbst eine Umwendung
weder entsteht noch vergeht
und dass sie doch nicht ohne Grund ist.

Durch diese Klarheit verschwindet der Irrtum,
dass etwas Allmächtiges alles erschaffen habe,
dass alles Seiende eine eigene Substanz habe
und dass diese allmählich reif werde.

Es vernichtet das „Ich" und das „Mein",
es befreit vom „Sein" und vom „Nichts",
es sieht die Veränderlichkeit der Bilder im Spiegel,
der im Grunde leer und still ist.

◊ ◊ ◊

Ein Kind, das ein Friedensbote sein will,
tritt in den Bereich vollkommener Gestaltlosigkeit ein,
geht über die vielen Erscheinungsweisen hinaus
und sieht doch, dass aus dem Samen der Baum hervorgeht.

Es weiß, dass ein Fußabdruck
auf Grund eines Fußes geschieht
und dass das Seiende
durch Wirkungszusammenhänge entsteht.

Es erkennt die Folge-Erscheinungen
und begreift, dass alles Erschaffene
in Folge weiser Vorgehensweisen
an Fülle und Kraft zunimmt.

◊ ◊ ◊

◌ ◌ ◌

Ein Kind, das ein Friedensbote sein will,
betrachtet diesen unbeschreiblichen Ort,
angesichts seiner Herrlichkeit, mit offenem Mund
und wirft sich zu Boden, ihm Ehre zu erweisen.

Es ist sich im Herzen vollkommen klar darüber,
dass dies der Ort ist, wo die Heiligen wohnen,
allein sein Anblick macht bereits jede Körperfaser
und jedes Denken sanft und froh.

Es sieht die Freiheit vollkommener Stille,
die Freiheit von jeglicher Art von Gestalt
und die Freiheit von allem Habenwollen
als die dreifache Form der Erlöstheit der Heiligen.

◌ ◌ ◌

○ ○ ○

Heilige, die auf dreifache Weise erlöst sind,
haben sich von allen Irrtümern befreit,
sie leben in der Welt der Wahrheit
und hängen an keinem weltlichen Ding.

Sie begreifen alle Wesen als frei
von einem Ich und von Stofflichkeit,
sie gehen über alles Lebendige hinaus
und doch verlassen sie die Wesen nie.

Sie erkennen meisterhaft alle Wesen
und auch die Unveränderlichkeit aller Dinge,
sie haben nichts,
worauf sie sich stützen könnten.

○ ○ ○

171

◌ ◌ ◌

Heilige, die auf dreifache Weise erlöst sind,
sind auf jegliche Weise befähigt
sich auf höchste Weisheit hin
bewegen und entwickeln zu können.

Sie sind frei von allen Gestalten
und Gestaltungen der Dinge,
sie begreifen die Unstofflichkeit von allem
und tauchen in alles, was es gibt, ein.

Sie sind vertraut mit den Möglichkeiten,
wie Weisheit entwickelt werden kann
und öffnen mit der Beschreibung von Wegen
die Tür zur Welt der Wahrheit.

◌ ◌ ◌

◇ ◇ ◇

Heilige, die auf dreifache Weise erlöst sind,
haben viele Leidenschaften beruhigt,
sie erkennen alle Arten innerer Regungen,
seien sie geistig oder gefühlsmäßig.

Sie leben inmitten von Trugbildern,
ohne sich täuschen, verführen oder verzaubern zu lassen,
sie können Irrtum, Sucht und Selbstverliebtheit
mit Weisheit niederschlagen.

Sie beherrschen viele Sammlungen des Geistes
mit unvergleichlicher Kraft
geradezu spielerisch und meisterhaft,
sie üben sich in allen Formen von Gewahrsein.

◇ ◇ ◇

◇ ◇ ◇

Heilige, die auf dreifache Weise erlöst sind,
können einen Augenblick Ewigkeit
in alle Ewigkeiten verwandeln
und alle Ewigkeiten in einen Augenblick.

Sie begreifen, dass alle Wege
weder hinausführen noch nicht hinausführen,
sie ruhen bei den Meistern des Lichts
und führen ein Leben in heiterer Gelassenheit.

Sie hängen von keinem leuchtenden Land ab,
von keinem Königreich und keinem Himmelreich
und erweisen doch allen Gestalten Ehre,
die an die Freiheit des Lichtes erinnern.

○ ○ ○

Heilige, die auf dreifache Weise erlöst sind,
verwandeln alle Zeiten in einen Augenblick
und einen Augenblick in alle Zeiten,
sie erfreuen alle Wesen.

Sie verwandeln alle Lebensbereiche
in einen Lebensbereich,
ohne die Eigentümlichkeiten eines Bereiches
auch nur ein einziges Mal zu vernichten.

Sie verwandeln ein Wesen in alle Wesen
und alle Wesen in ein Wesen,
sich immer dessen bewusst, dass alle Wesen
im Grunde nicht voneinander verschieden sind.

◇ ◇ ◇

Heilige, die auf dreifache Weise erlöst sind,
verwandeln etwas, das ist, in alles, was ist,
ohne die Eigentümlichkeiten einer jeden Sache
auch nur einmal zu vernichten.

Sie verwandeln ein Leuchten in alle Lichtgestalten
und alle leuchtenden Gestalten in eine Lichtgestalt,
sich immer dessen bewusst, dass die Vielfalt des Lichts
keineswegs vielfach und verschieden ist.

Sie leben in der vollkommenen Klarheit,
dass auch Freiheit in keinster Weise vielfältig ist
und verwandeln doch ein Freisein in alle Arten von Freiheit
und alle Formen von Freiheit in eine Form von Freisein.

◇ ◇ ◇

◇ ◇ ◇

Heilige, die auf dreifache Weise erlöst sind,
achten und ehren die meisterhaft Lehrenden,
ohne jemals von ihrer Lehre
eingenommen oder gefangengenommen zu sein.

Sie wohnen inmitten von allen Zerrbildern,
ohne sich von ihnen beirren zu lassen,
sie haben an allen Erscheinungen des Lebens teil
und verlassen doch die allumfassende Weisheit nie.

Sie sehen immer die Gleichheit
inmitten der Vielfalt der Dinge
und suchen doch alle Gestalten der Freiheit auf,
ohne von ihnen abhängig zu sein.

◇ ◇ ◇

◦ ◦ ◦

Heilige, die auf dreifache Weise erlöst sind,
versenken sich in alle Lebensbereiche,
sie verstehen die tiefsinnigsten Lehren
in einem einzigen Augenblick.

Sie begreifen, dass alle Körper körperlos sind
und dass es im Grunde keinerlei Wesen gibt
und dass sich alle Wesen
niemals voneinander unterscheiden können.

Sie lassen alle Formen und Farben,
alle Lebensbereiche so, wie sie sind
und vereinen zugleich alles in sich,
ohne je eine Eigentümlichkeit zu vernichten.

◇ ◇ ◇

Heilige, die auf dreifache Weise erlöst sind,
vollbringen, ohne einen Gedanken an Zeitdauer,
viele heilsame Werke der Reinheit und Güte,
sie sind frei von Zukunft.

Sie wohnen inmitten eines winzigen Stäubchens
und erscheinen doch in allen Lebensbereichen,
um den Wesen die Lehre des Friedens
und den Weg der Freiheit nahe zu bringen.

Sie begreifen die Selbstlosigkeit aller Dinge,
sie erfassen die stille Freiheit
von allem, was es gibt,
sie sind Heilige, die zu ehren und zu achten sind.

◇ ◇ ◇

◦ ◦ ◦

Heilige, die auf dreifache Weise erlöst sind,
wohnen in der großen Barmherzigkeit,
in Mitgefühl und Nächstenliebe,
sie verwirklichen das wahrhaft Gute.

Sie sind über den Bereich der Zerrbilder hinausgegangen
und haben selbst die stille Freiheit hinter sich gelassen,
um allen Wesen gleichermaßen
den Weg des Friedens bringen zu können.

Sie meistern alle Lehren der Friedensboten,
sie geben ihr Leben ganz und gar dafür hin
den heiligen Lehren derer zu folgen,
die das Licht der Freiheit schenken.

◦ ◦ ◦

◇ ◇ ◇

Heilige, die auf dreifache Weise erlöst sind,
betrachten die Unreinheit der Welt
und leben doch inmitten der Welt,
obwohl sie an keinem Ding hängen.

Sie leben frei von Gedanken
an Geburt und Tod
und frei von den Verstrickungen der Angst
geboren zu werden oder zu sterben.

Sie begreifen, dass kein Ding entsteht
und sind sich doch dessen bewusst,
dass alles Entstehen der Dinge
mit Wirkungen zusammenhängt.

◌ ◌ ◌

Heilige, die auf dreifache Weise erlöst sind,
durchschauen alle Wirkungszusammenhänge
und vertreten deshalb keine irrigen Ansichten
über alles und von allem, was es gibt.

Sie üben sich einzig deshalb in Nachsicht,
um allen Wesen gegenüber barmherzig zu sein
und niemals zu dem eigennützigen Zweck
Unmut, Zorn und Ärger zu überwinden.

Sie wohnen in der stillen, inneren Sammlung
und werden von nichts Weltlichem gefangengenommen,
sie ruhen in der unermesslichen Ewigkeit
und belehren doch alle Wesen in der Welt.

◌ ◌ ◌

◇ ◇ ◇

Heilige, die auf dreifache Weise erlöst sind,
haben die Befreiung von allen Gedanken
und das Erkennen der Wahrheit vollendet
und stehen doch weiterhin in der Welt.

Sie wohnen in jener Geistesstille,
die frei von Gestalt und Gestaltung ist
und verlassen doch nicht die Welt der Gestalt,
einzig um der Wesen willen.

Sie wohnen in jener Stille,
die frei von Verlangen und Wünschen ist
und geben doch niemals den Wunsch auf,
ein Friedensbote zu sein.

◇ ◇ ◇

Heilige, die auf dreifache Weise erlöst sind,
befreien sich von allen Leidenschaften
und leben doch inmitten einer Welt
von Leidenschaften und Leiden.

Sie sind frei von Geborenwerden und Sterben
und lassen sich doch freiwillig gebären
in den Kreislauf des Lebens hinein,
um die Wesen zu unterweisen.

Sie wohnen im Erlöstsein
und bleiben doch nicht in der Erlöstheit
jener stillen, einfachen Weisheit,
die nicht zu allgütigem Barmherzigsein befähigt.

◇ ◇ ◇

○ ○ ○

Heilige, die auf dreifache Weise erlöst sind,
haben sich von unheilvollen Lebenslagen befreit
und begeben sich doch wieder ins Unheil,
um den Wesen zu helfen.

Sie leben in großer Barmherzigkeit
und verfallen doch niemals der anhänglichen Liebe,
sie wohnen in ewiger Geistesstille
und unterliegen doch nicht dem Gedanken von Nichtsheit.

Sie durchschauen die Wirkungszusammenhänge
von allem, was es gibt
und schlagen jene Meinungen nieder,
die einseitig sind.

185

◇ ◇ ◇

Heilige, die auf dreifache Weise erlöst sind,
haben den Geist der Fröhlichkeit erfahren
und sind doch immer betrübt,
weil die Wesen leiden.

Sie haben die Wahrheit vom Leiden in der Welt,
dessen Ursachen und die Vernichtung der Ursachen
wie auch den Weg zur Vernichtung erkannt
und wollen doch nicht in die Jenseitigkeit eintreten.

Sie sehen die Sache als solche,
so wie sie ist
und wollen doch nicht
im Bereich der Wahrheit als solcher bleiben.

❍ ❍ ❍

Heilige, die auf dreifache Weise erlöst sind,
haben den Geist des Loslassens erlernt
und sie werfen doch niemals
die Werke zum Wohle der Anderen von sich.

Sie haben die verschiedenen Versenkungen
des Geistes durchschritten
und wollen doch nicht von der Welt
des Wünschens und Verlangens abgeschnitten sein.

Sie gehen über den Bewusstseinsbereich
des Weltlichen hinaus
und entscheiden sich doch nicht
für den Bereich der ewigen Weisheitsstille.

❍ ❍ ❍

◦ ◦ ◦

Heilige, die auf dreifache Weise erlöst sind,
haben alles Weltliche vernichtet
und wollen doch niemals
im Bereich der reinen Wahrheit stehen bleiben.

Sie haben die acht Wege zur Wahrheit gelernt:
Heilsames Sehen, Denken, Reden und Handeln,
heilsames Leben, Sich-Anstrengen, Sich-Besinnen
und das heilsame Sammeln des Geistes.

Trotz der Kenntnis der Wege zur Wahrheit,
wollen sie das unheilvolle Wiederkehren
von Geburt und Tod nicht verlassen
und bei den leidenden Wesen bleiben.

◦ ◦ ◦

◇ ◇ ◇

Heilige, die auf dreifache Weise erlöst sind,
durchschauen den Ursprung der Leidenschaften
und wollen doch weder Wasser, Feuer, Luft, Erde,
noch den Klangraum des Lebens vernichten.

Frei von der Verwirrung durch körpergeistige Organe,
leben sie doch in der sinnlichen Welt
und frei von Störenfrieden und Plagegeistern,
leben sie doch mit diesen zusammen.

Sie beherrschen alle Arten von Werkzeug
und wählen für sich doch jenes Werkzeug,
das den Weg zu allumfassender Weisheit,
zu Gütekraft und Barmherzigkeit weist.

◇ ◇ ◇

Heilige, die in der Wahrheit leben
und sich von Irrtümern befreit haben,
sind ein Licht für die Zukunft,
sie werden Freunde aller Wesen genannt.

Voller Nachsicht und Mitgefühl,
voller Barmherzigkeit und hingegebener Liebe,
hilft ihre große Güte zahlreichen Wesen,
ihr Gesegnetsein ist ein Segen für alle.

In ruhigem Frieden und sanfter Heiterkeit
besinnen sie sich auf ein Leben im Licht,
sie denken an die Vollendet-Lichten,
sie sind Allseits-Liebende.

Allseits-Liebende
(ein Lobgesang)

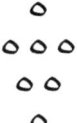

◇ ◇ ◇

Allseits-Liebende, die im Frieden wohnen,
haben die Kunst der Freigebigkeit,
das Befolgen der reinigenden Gebote
und Demut und Geduld vollendet.

Sie haben die Kraft der Anstrengung,
die Sammlung des Geistes, die Weisheit der Stille
und verschiedene Vorgehensweisen gemeistert,
wie auch die Kraft des großen Herzensanliegens.

Sie sind von grenzenloser Weisheit,
frei wie der Raum der Leere,
wach in Augenblick und Ewigkeit
und voller Verständnis für alles, was es gibt.

◇ ◇ ◇

◦ ◦ ◦

Allseits-Liebende, die im Frieden wohnen,
durchschauen, dass es keine Spur gibt,
wenn der Vogel in der Luft vorüberfliegt
und dass alles, was es gibt, wie diese Spur ist.

Sie haben alle Irrtümer, alle Leidenschaften,
Gier, Zorn und Stumpfheit vernichtet,
sie spielen friedlich wie Kinder
in einer Stille, die wie die Spur eines Vogels ist.

Auf Grund der drei Erlöstheiten
sehen sie alle Wirkungszusammenhänge
vollkommen klar mit dem inneren Auge,
sie sind frei von Fluch und Finsternis.

◦ ◦ ◦

◇ ◇ ◇

Allseits-Liebende, die im Frieden wohnen,
treten tief in ewig weite Weisheit ein,
sie betrachten mit dem Geist der Gleichheit
alle Lebewesen und alle Lebensbereiche.

Wie der Wind in der Luft vorüberweht,
sind sie von nichts gefangengenommen
und erbarmen sich doch der Leidenden,
die haltlos umherirren.

Sie überwinden Angst und Gefahr
und führen die blinden Lebewesen,
die in Schwierigkeiten und Nöten sind,
auf den Weg der Freiheit.

◦ ◦ ◦

Allseits-Liebende, die im Frieden wohnen,
retten die hilflos Umhertreibenden
aus dem wogenden Meer
von Geburt und Tod.

Welche Leiden auch erscheinen mögen
in einer zeitlosen Zukunft,
sie strengen sich unentwegt an,
alles auf sich nehmen zu können.

Durch große Weisheit und Barmherzigkeit
heilen sie schwere Krankheiten,
sie wollen alle Wesen erlösen,
so zahlreich sie auch sind.

◇ ◇ ◇

Allseits-Liebende, die im Frieden wohnen,
tauchen nach den Perlen der Weisheit
tief hinab ins Meer der Leidenschaften
und bergen die Schätze, die heilig sind.

Durch das Üben von Ewigkeit zu Ewigkeit
wollen sie die Schatzkammer der guten Taten,
das reine Herzensanliegen, das Erlöstsein
und die Kraft der inneren Sammlung vervollkommnen.

Während sie still in sich ruhen,
hören und bewahren sie
die heiligen Lehren aus allen Zeiten
und verinnerlichen ihre ewige Weisheit.

◇ ◇ ◇

◇ ◇ ◇

Allseits-Liebende, die im Frieden wohnen,
sind wie Sonne und Mond,
sie erhellen alle Dinge
mit reiner Weisheit.

Sie reisen auf dem weiten Meer
unermesslicher Welten und Lebewesen
und verherrlichen dadurch das eine
große Meer aus lichter Freiheit.

Mit dem Auge ewiger Weite
sehen sie in jedem Staubkorn
alle Zeitalter, alle Lebewesen
und alle auf ewig Gelichteten.

◇ ◇ ◇

◦ ◦ ◦

Allseits-Liebende, die im Frieden wohnen,
erfassen mit dem Auge des Augenblicks
selbst die ewige Weite
mit scharfer Genauigkeit.

Durch die Kraft der Reinheit
erkennen sie alles, was es gibt,
mit grenzenloser Weisheit
wandern sie im gesamten Kosmos umher.

Sie bringen zahlreiche Tugenden hervor
und sind ein Geschenk für alle Wesen,
mit großer Barmherzigkeit
wollen sie alle vom Leid befreien.

◦ ◦ ◦

◦ ◦ ◦

Allseits-Liebende, die im Frieden wohnen,
verlassen niemals den Ort des Friedens
und reisen doch überall umher,
um das Licht der Heiligen zu ehren.

Sie sehen in allem, was es gibt,
jene Weite und Leere des Weltalls,
die vollkommen still und frei
von verstörenden Unreinheiten ist.

Obwohl sie still an einem einzigen Ort ruhen,
sind sie doch wie Sonne und Mond,
die den Wesen beständig leuchten
und sie von Finsternis befreien.

◦ ◦ ◦

◌ ◌ ◌

Allseits-Liebende, die im Frieden wohnen,
erfassen nicht nur Zeitalter und Lebewesen,
sondern auch alle heiligen Namen
der Gestalten des Lichts, die ohne Ende sind.

Sie erscheinen in zahlreichen Verkörperungen,
um überall Wesen zu erfreuen
und entfernen sich doch niemals
vom Ort der inneren Ruhe.

Von Augenblick zu Augenblick
nehmen sie viele Arten innerer Sammlung ein,
welche jede auf ihre Weise
die Herrlichkeit des Lichts offenbart.

◦ ◦ ◦

Allseits-Liebende, die im Frieden wohnen,
üben sich in tausendfacher Geistes-Stille,
sie erfassen in jedem Augenblick
alles, was es gibt, zu allen Zeiten.

Sitzen sie auch friedlich und still,
sind sie doch überall zu Hause,
gehen sie auch von Ort zu Ort,
verlassen sie doch niemals ihren Platz.

Sie trinken mit jedem Atemzug
das Meer der heiligen Lehren,
das Meer aus Weisheit und Licht,
das Meer der tausend Tugenden.

◦ ◦ ◦

204

❍ ❍ ❍

Allseits-Liebende, die im Frieden wohnen,
erkennen in jedem Augenblick,
wie die Welten des Lichts zu allen Zeiten
unaufhörlich entstehen und vergehen.

Sie begreifen die vielfältigen Werke
und die Herzensanliegen der vortrefflich Lehrenden,
sie sehen die Fähigkeiten aller Wesen
in all ihrer Verschiedenheit.

In jedem einzelnen Stäubchen
erkennen sie alle Gelichteten,
alle Zeiten, alle Räume, alle Wesen,
sie leben sich hinein in den Bereich des Lichts.

◇ ◇ ◇

Allseits-Liebende, die im Frieden wohnen,
schauen immerzu, wie alles Seiende,
alle Lebewesen, Länder und Generationen
kein Selbst und kein Wesen haben.

Sie schauen die Gleichheit aller Wesen,
die Gleichheit alles Seienden,
die Gleichheit aller Friedensboten
und die Gleichheit aller Leuchtenden.

Und doch belehren sie alle Wesen,
dienen allen Leuchtenden
und denken auch weiterhin
über die vielen Bereiche des Seins nach.

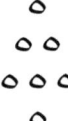

EIN GESCHENK DER GÜTE
ERINNERT WIE EIN GUTER FREUND
AN LÄNGST VORHANDENE FÄHIGKEITEN
UND SINGT EIN LIED DER FREUDE
ZUR EHRE DER WEITERSTREBENDEN

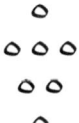

◇ ◇ ◇

Als Einundfünfzigstes fragen die Übenden
jene, deren allseits-liebendes Angesicht die Welt erhellt
und die „ein Geschenk der Güte" genannt werden,
nach all den Dingen, die noch immer nicht klar sind.

Ehrerbietig neigen die Fragenden ihre Stirn zu Boden
und grüßen dieses große Licht der Freiheit,
das sich wie ein liebendes Herz an alle verschenkt
und das die Freundlichkeit selbst ist.

Jene, welche die Güte um ihren Segen bitten
und um Antwort auf all die offenen Fragen,
werden ihre einzigartige Gnade und Befähigung erfahren –
wer das Allseits-Liebende ehrt, dem kommt es entgegen.

◇ ◇ ◇

◦ ◦ ◦

Jene, die zum Geschenk der Güte kommen
und ihm das Herz zu Füßen legen,
legen auch die Fragen des Lebens
zu Füßen dieses Meisters:

Wie vollenden die Friedenbringenden
die Werke und Taten des Friedens?
Wie verinnerlichen sie die heiligen Lehren?
Wie erlösen sie alle Wesen?

Wie verraten sie niemals das Licht der Freiheit?
Wie betrügen sie niemals die Lebendigen?
Wie halten sie die Lehre des Friedens aufrecht?
Wie schützen sie den Weg und dienen ihm?

◦ ◦ ◦

◇ ◇ ◇

Jene, die zum Geschenk der Güte kommen,
denen offenbart dieses große Licht,
dass die Erfahrungen des Lebens
die Antworten auf die Fragen sind.

Wer alle Lehrenden besucht, alle Weisenden befragt,
sich gemeinsam mit allen Heiligen übt
und um ihren Beistand bittet,
erfährt das Menschlich-Mögliche.

Diese Übenden zünden mit ihrem Leben
in der Finsternis das Licht der Weisheit an
und erleuchten den Weg der Freiheit
inmitten von Verwirrung und Leid.

❍ ❍ ❍

Jene, die zum Geschenk der Güte kommen,
sehen sich selbst als ein Werk des Friedens,
sie sehen, wie sie den Ängstlichen
Angstfreiheit und Beherztheit anvertrauen.

Sie sehen, wie sie den Leidenden
die heiligen Lehren geben
und wie sie den Stumpfen, Wütenden, Gierigen
die innere Sammlung schenken.

Sie sehen, wie sie den Gefangenen
das Tor zur Weisheit öffnen
und den von Irrtümern Überzeugten
das Schwert der Weisheit reichen.

❍ ❍ ❍

◦ ◦ ◦

Jene, die zum Geschenk der Güte kommen,
sehen sich selbst wie in einem Spiegel,
sie sehen, wie sie den in Not Geratenen
den Ausweg zum Frieden zeigen.

Sie sehen, wie sie den Vergnügungssüchtigen
das Tor zur Befreiung öffnen
und wie sie die nach Erlösung Sehnenden
auf den Weg dorthin hinweisen.

Sie sehen, wie sie Diejenigen,
die am Leben hängen,
darauf aufmerksam machen,
wie herrlich die allumfassende Weisheit ist.

◦ ◦ ◦

❍ ❍ ❍

Jene, die zum Geschenk der Güte kommen,
sehen nicht nur ihr Leben, sondern auch ihre Möglichkeiten,
sie sehen ihre Erfahrungen und Übungen,
ihre Entwicklungen und Fähigkeiten klar vor Augen.

Sie sehen, dass sie alle Lehrenden,
die sie im Leben aufgesucht haben,
sich vor das innere Auge stellen
und sie jederzeit um Rat fragen können.

Sie sehen sich mitten im Meer
allumfassender Weisheit stehen,
sie sehen sich üben, gehorchen
und die Werke des Friedens vollenden.

216

◦ ◦ ◦

Jene, die zum Geschenk der Güte kommen,
sehen sich, den Kinderschuhen entwachsen,
im Haus der heiligen Lehren wohnen
und kraftvoll in Licht und Weisheit stehen.

Sie sehen sich hören und sehen,
was schwer zu hören und zu sehen ist,
sie sehen, wie sie von Friedenbringenden
und von Gelichteten geschützt werden.

Sie sehen ihre Fähigkeit,
die angefangenen Friedenswerke vollenden
und als lebendiges Zeugnis des Lichts
den Samen des Friedens schützen zu können.

◌ ◌ ◌

Das allseits-liebende Geschenk der Güte
offenbart zwei weitere meisterhaft Lehrende,
denen es zu folgen und die es zu achten gilt:
Das Allseits-Fähige und das Allseits-Weise.

Das Eine verfügt über alle Fähigkeiten
und wird als vollkommen begnadet bezeichnet,
es lehrt ausgiebig über den Bereich der Weisheit,
es ist der Ursprung dieser Schrift.

Das Andere verfügt über den größten Erfahrungsschatz
und wird allumfassend barmherzig-weise genannt,
es zeigt durch Reife im Leben die Vervollkommnung
und Umsetzung der Lehren in Werken und Taten.

◌ ◌ ◌

◇ ◇ ◇

Das allseits-liebende Geschenk der Güte
erfreut sich am Vollendungseifer derer,
die voll Vertrauen zu ihm gekommen sind
und singt ein Lied, ihnen zur Ehre:

Willkommen große Barmherzigkeit,
Ehrlichkeit und Geist der Gleichheit!
Willkommen Wirkung und reiner Weg,
Edles, Friedliches und Seltenes!

Willkommen unermüdliche Weisheit,
die alle Zeiten und Generationen überschaut!
Willkommen wunderbare Lilien,
die das Licht der Freiheit zeigen!

◇ ◇ ◇

◦ ◦ ◦

Das allseits-liebende Geschenk der Güte
singt zur Ehre der Weiterstebenden:
Sie streben nach heiliger Erhellung
und lernen die Befreiung von unreinen Werken.

Sie vollenden umfassende Weisheit,
sie begreifen das Wunderbare,
sie verwirklichen Werke des Friedens
und führen die Wesen in die Freiheit.

Sie verlangen nach den Werken des Lichts,
um sie ganz und gar zu verinnerlichen,
sie fragen nach einem geweihten Geschenk,
das den Friedenbringenden helfen kann.

◦ ◦ ◦

◌ ◌ ◌

Das allseits-liebende Geschenk der Güte
singt zur Ehre der Weiterstrebenden:
Sie sind hierher zur Freundlichkeit gekommen,
um mit dieser vortrefllich Lehrenden vertraut zu werden.

Sie sind hilfreich wie die Ärzte,
unerschütterlich wie die Berge,
still und weit wie die Ozeane
und begleiten die Wesen auf dem Friedensweg.

Sie verlangen nach jener hingebungsvollen Liebe,
die sich allen Wesen gleichermaßen verschenkt,
sie fragen nach den reinen, edlen Kräften,
welche den Weg zum Gelichtetsein vollenden.

◌ ◌ ◌

◦ ◦ ◦

Das allseits-liebende Geschenk der Güte
singt zur Ehre der Weiterstrebenden:
Sie retten mit tapferer Anstrengung viele Wesen
und lassen sie vortreflich Lehrende finden.

Sie vernichten die Leiden an Orten der Hölle
und öffnen die Tore zu Orten der Milde,
sie schauen, hören und empfangen
die verborgenen Lehren des Lichts.

Sie verlangen nach dem Körper der Weisheit,
um zahlreiche Kräfte der Reinheit zu sammeln,
sie fragen danach, im Haus des Lichts zu leben,
deshalb sind sie zum Gütigsein gekommen.

◦ ◦ ◦

○ ○ ○

Das allseits-liebende Geschenk der Güte
singt zur Ehre der Weiterstrebenden:
Sie sind reich an guten Kräften
und führen reine Werke aus.

Sie haben einen ehrlichen Geist
und sind mit guten Lehrenden verbunden,
sie hören aufmerksam zu
und führen das Gelernte vollständig aus.

Sie verlangen nach der heiligen Erhellung
und verlassen die weltlichen Vergnügungen,
sie fragen nach höchster Weisheit
und gehen durch leidvolle Übungen.

◇ ◇ ◇

Das allseits-liebende Geschenk der Güte
singt zur Ehre der Weiterstrebenden:
Sie betrachten die Formen des Leidens
wie Geburt, Krankheit, Alter und Tod.

Sie zeigen den Blinden den Weg
und führen sie ins Licht der Wahrheit,
ihre diamantene Kraft der Weisheit
ist stärker als die Härte des Leids.

Sie verlangen nach großer Barmherzigkeit,
angesichts von Gier, Zorn und Verblendung,
sie fragen nach dem Pflug scharfer Weisheit,
um verwüstete Äcker neu zu bebauen.

◇ ◇ ◇

◊ ◊ ◊

Das allseits-liebende Geschenk der Güte
singt zur Ehre der Weiterstrebenden:
Sie tragen drei Erlösungen im Herzen,
die sie wappnen gegen räuberische Leidenschaften.

Formlosigkeit, Leerheit und Verlangenslosigkeit
machen sie vollkommen handlungsfähig
und frei von dem Zwang etwas gestalten, erfüllen
oder sich auf etwas beziehen zu müssen.

Mit dem Schwert der Weisheit in der Hand
und der Rüstung der Geduld,
der Demut und des Erleidenkönnens
schlagen sie die Kräfte-Raubenden zu Boden.

◊ ◊ ◊

◇ ◇ ◇

Das allseits-liebende Geschenk der Güte
singt zur Ehre der Weiterstrebenden:
Ihr Streben nach dem reinen Gelichtetsein
steigt aus dem Kosmos der Wahrheit empor.

Sie sind wie die strahlende Sonne,
die überall in der Welt aufgeht
und die mit Lebenskraft und wärmendem Licht
alle Wesen gleichermaßen erhellt.

Sie sind wie der zarte Mond,
dessen sanftes Leuchten an die Stille des Geistes,
an vollendete Weisheit und an Mitgefühl erinnert
und das die Flammen der Leidenschaften beruhigt.

◇ ◇ ◇

◌ ◌ ◌

Das allseits-liebende Geschenk der Güte
singt zur Ehre der Weiterstrebenden:
Sie bringen jene Wolken hervor,
die das Wasser der Weisheit regnen lassen.

Ihre einmal aufgerichteten Werke
nehmen an Weite und Tiefe zu
und bringen heilige Schätze hervor,
sie helfen dem Licht geboren zu werden.

Ihre Zuversicht wird zu einem Docht,
ihre Barmherzigkeit wird reines Öl,
ihre Andacht wird zu einem Leuchter,
der die ganze Welt zu erhellen vermag.

◌ ◌ ◌

◇ ◇ ◇

Das allseits-liebende Geschenk der Güte
singt zur Ehre der Weiterstrebenden:
Sie retten zahlreiche Wesen
durch das Bergen kostbarer Schätze.

Sie sammeln alles Edle und Gute
und bewahren es an geschützten Orten auf,
ihr Reichtum an Tugenden wächst unaufhörlich,
ihre Herzensanliegen werden größer und größer.

Sie verlangen danach viele Lehren zu hören
und viele Verwirrungen zu vernichten,
sie fragen nach der Vollendung edlen Verhaltens
und nach der Begegnung mit vortrefflich Lehrenden.

◇ ◇ ◇

∘ ∘ ∘

Das allseits-liebende Geschenk der Güte
singt zur Ehre der Weiterstrebenden:
Sie zeigen auf, was Hölle und was Himmel ist
und geleiten die Wesen zur stillen Freiheit.

Sie zerschlagen Heerscharen von Leidenschaften
und vernichten die anhängliche, begehrende Liebe,
sie führen die Lebenden auf den Weg der Befreiung
und zu den meisterhaft Lehrenden.

Ihre Weisheit wächst unerschütterlich
wie Bäume mit tiefen Wurzeln hoch hinauf,
um den Wesen Kraft und Schutz zu geben,
sie zu beschenken und zu befähigen.

◇ ◇ ◇

Das allseits-liebende Geschenk der Güte
singt zur Ehre der Weiterstrebenden:
Sie lernen mit Tapferkeit und Anstrengung
verschiedene Wege und Vorgehensweisen der Befreiung.

Sie vertreiben Verblendung und Stumpfheit,
sie beseitigen Irrtümer und blinde Meinungen,
sie trocknen das Meer der Leidenschaften aus
und reißen die Wesen aus dem Sumpf der Begierde.

Sie begreifen vielfältige Formen der Wahrheit,
sie ehren die reinen und edlen Bereiche,
sie verhelfen allem Seienden zur Reife
und öffnen das Tor zur Erlösung.

◇ ◇ ◇

◌ ◌ ◌

Das allseits-liebende Geschenk der Güte
singt zur Ehre der Weiterstrebenden:
Sie sammeln unaufhörlich das Edle und Gute
und bleiben unerschütterlich in ihrer Zuversicht.

Sie begreifen tiefsinnige Lehren
und vernichten vielerlei Höllenqualen,
sie vollenden allumfassende Weisheit
und überwinden alle Arten von Zerrbildern.

Sie meistern jene Kräfte, die heilsam sind,
sie bringen zahlreiche reine Werke hervor,
sie gehorchen allem, was edel und gut ist
und gelangen so zur heiligen Erhellung.

◌ ◌ ◌

◇ ◇ ◇

Das allseits-liebende Geschenk der Güte
singt zur Ehre der Weiterstrebenden:
Sie zerreißen die Verstrickungen des Irrglaubens,
der Vorurteile, Vorlieben und Abneigungen.

Sie beschützen das heilige Erbe
der im Licht Vorangegangenen,
sie bewahren das Erbe aller Geweihten
und die heiligen Schätze von Generationen.

Alle Gelichteten und Friedenstiftenden freuen sich
über das Wegweisen, Retten und Befreien der Wesen
und das Hüten, Heiligen und Bewahren der Schätze
dieser unermüdlich zum Licht Weiterstrebenden!

◇ ◇ ◇

◌ ◌ ◌

Was ist dieses Streben nach Gelichtetsein,
nach Gereinigtsein, Geheiligtsein, Geheiltsein,
nach Erlösung, Erleuchtung, Erhellung,
nach vollkommenem Freisein?

Es ist nichts Anderes als der Samen des Lichts,
der alle heiligen Lehren hervorbringt,
es ist ein Acker, der die Wesen
mit reinen und guten Früchten ernährt.

Es ist die Quelle unfassbarer Weisheit
und die Wurzel stetig wachsender Barmherzigkeit,
es gebiert reine Werke und Taten
und führt zu Frieden und Licht.

◌ ◌ ◌

◇ ◇ ◇

Das Streben nach dem Gelichtetsein ermöglicht
die Medizin der Allmacht zu besitzen,
welche die Angst vor Wut, vor Fieber, vor Unterstellung,
vor Gleichgültigkeit und vor Begehren überwindet.

Wer von der großen Weisheit berührt wird,
wird nicht von Zorn vergiftet, von Leidenschaft verletzt,
vom Rauch der Irrtümer oder von Bequemlichkeit erstickt
und auch nicht vom Feuer der Begierde verbrannt.

Wer die Medizin der Erlösung und Weisheit hat,
nämlich das Streben nach dem Gelichtetsein,
wird nicht durch Geburt und Tod gequält
und stirbt nicht auf gewaltsame Weise.

◇ ◇ ◇

○ ○ ○

Das Streben nach dem Gelichtetsein ermöglicht
die Medizin der Hingabe zu besitzen,
welche alle heiligen Lehren hört
und im Gedächtnis behält.

Die Sammlung der Schätze des Guten
kann nie an einen anderen Ort gebracht werden,
sie liegt im Geist der Aufrichtigkeit
und wird von der Reinheit der großen Weisheit begleitet.

Wenn man das Öl des Erfreuens einreibt,
wird der Körper sanft und der Geist edel,
mit dem Streben nach der Erhellung ist es genauso,
es reinigt das Denken, Reden und Handeln.

◦ ◦ ◦

Das Streben nach dem Gelichtetsein ermöglicht
allen Lebewesen die Angst zu nehmen
und mit der Kraft der großen Barmherzigkeit
die Not an den Orten der Hölle zu beseitigen.

Wer die Medizin der Unzerstörbarkeit besitzt,
kann weder von Zweifel noch Verzerrung angegriffen werden,
sie liegt im Geist der Aufrichtigkeit
und wird von der Reinheit der großen Weisheit begleitet.

Wer vom Strahl des dunkelblauen Schatzes
berührt wird, wird selbst blau,
er färbt das Sehen des gesamten Weltalls
und die Hingabe des Herzens mit dieser Farbe der Weisheit.

◦ ◦ ◦

◌ ◌ ◌

Das Streben nach dem Gelichtetsein ermöglicht
Finsternis und Urblindheit zu vernichten
und das Edle und Gute aller Wesen,
Heiligen und Lichten zum Vorschein zu bringen.

Ein helles Licht in einem dunklen Raum
vertreibt sogleich alle Finsternis,
es kann tausende von Lichtern anzünden,
ohne sich selbst zu verändern.

Das Streben bringt die Strahlung der Weisheit hervor,
die das gesamte Weltall erhellt,
es lässt das reine Öl der Barmherzigkeit zunehmen,
welches das Licht der Flamme ernährt.

◌ ◌ ◌

◇ ◇ ◇

Das Streben nach dem Gelichtetsein ermöglicht
aus dem Unsichtbaren das Sichtbare hervorzubringen
und all jene Herrlichkeiten zu offenbaren,
die rein und edel sind in der Welt der Wahrheit.

Wenn man eine große Kunst ausübt,
ohne sie bereits gemeistert zu haben,
so übertrifft sie trotz ihrer Unvollkommenheit
doch alle kleineren Künste.

Wer Schießen lernt, übt zuallererst die richtige Haltung –
das Streben nach Befreiung ist diese Haltung,
es übertrifft in seiner Unvollkommenheit
alle anderen Lebenshaltungen.

◇ ◇ ◇

○ ○ ○

Das Streben nach dem Gelichtetsein ermöglicht
den Körper der Weisheit kühl zu halten,
das Fieber trüber Gedanken zu beruhigen
und Irrtümer und Irrlehren zu vernichten.

Wer im tiefen Wasser steht,
fürchtet sich vor keinem Feuer,
wer einem tapfer Kämpfenden nachfolgt,
fürchtet sich vor keinem Feind.

Wenn ein großer Löwe brüllt,
werden alle kleinen Löwen dadurch ermutigt,
alle anderen Tiere aber
flüchten und verbergen sich.

○ ○ ○

◦ ◦ ◦

Das Streben nach dem Gelichtetsein ermöglicht
wie Sonne und Mond zu erstrahlen,
kein Gestirn ist ihnen gleich auf Erden,
mag es auch Finsternisse und Wolken geben.

Im Königshaus geborene Kinder
sind Kinder und noch keine Herrschenden
und doch werden sie bereits
als zukünftige Königinnen und Könige geachtet.

Werden Strebende auch noch von Leidenschaften befallen,
sind sie doch bereits rein auf Grund ihres Strebens;
wird ein reiner Edelstein auch für unsauber gehalten,
bleibt er doch ein reiner Edelstein.

◦ ◦ ◦

◦ ◦ ◦

Das Streben nach dem Gelichtetsein ermöglicht
wie ein Diamant Felsgestein zu zerbrechen,
Berge von Irrtümern, Vorurteilen und Zweifeln
und alles Seiende zu begreifen, wie es ist.

Allein das Bruchstück eines Diamanten
übertrifft alle anderen Schätze,
auch wenn der Diamant dadurch weniger kostbar ist,
kann er immerhin doch allerlei Armut beseitigen.

Wie der Diamant weder im Sumpf verfault,
noch von einem Feuer verbrannt wird,
so können auch Gier, Wut oder Stumpfheit
einen strebenden Geist nicht vernichten.

◌ ◌ ◌

Wer das Geschenk der Güte schaut,
sieht, wie es Immer-Hungrige sättigt,
viele Höllenqualen vernichtet
und selbst die Tiere freundlich unterweist.

Das Hinter-sich-Lassen von Ärger,
das Befähigen, das Beschenken, das Begnaden,
das Sich-Mitfreuen, das Mildesein, das Barmherzigsein –
das sind alles Strahlen seiner Unermesslichkeit.

Wer die allseits-liebende Kraft des Lichts erkennt,
sieht eine Lehrerin, eine Dienerin, eine Priesterin,
eine Ärztin, eine Schriftstellerin, eine Königin,
eine Freundin, die allen Wesen zur Seite steht.

◌ ◌ ◌

◇ ◇ ◇

Friedenbringende, große Heilige – woher kommen sie?
Die Güte, diese Freundin der Wesen, sagt:
Sie haben keinen Ort, woher sie kommen,
wohin sie gehen, worin sie verweilen.

Wo es keine Beständigkeit und keine Nichtigkeit,
kein Bleiben, Gelangen, Verlassen, Hervorbringen,
kein Hassen, Lieben, Leisten, Verdienen,
weder Ursprung noch Boden gibt – das ist ihr Ort.

Die großen Heiligen leben einzig in der Welt,
um alle Wesen zu schützen und zu retten,
sie kommen von der großen Barmherzigkeit her,
um die Höllenqualen zu vernichten.

◇ ◇ ◇

◦ ◦ ◦

Was ist der Geburtsort der Friedenbringenden?
Die Güte sagt: Es gibt zehn Arten des Geborenwerdens,
erstens das Streben nach Befreiung,
zweitens der Geist der Redlichkeit;

drittens das Besteigen der zehn Stufen* des Friedenlernens,
viertens das Hervorbringen des großen Herzensanliegens,
fünftens die große Barmherzigkeit selbst,
sechstens das reine Sehen der Dinge, wie sie sind;

siebtens das Wissen um mitfühlende Weisheit,
achtens das Führen der Lebewesen,
neuntens die Vorgehensweise der Weisheit selbst
und zehntens der Gehorsam in Hingabe allem zu dienen.

◦ ◦ ◦

* das Buch „Zehn-Stufen des Bodhisattva-Bodesns" gehört wie diese
vorliegende Schrift zur Sammlung des Avatamsaka und beschreibt die
Ausbildung der Friedenübenden und -bringenden über 10 Stufen

244

○ ○ ○

Wenn die Güte das große Sehen offenbart,
ist der Anblick der großen Freiheiten,
der großen Möglichkeiten des Lichts
und der großen Fähigkeiten überwältigend.

Wie heißt dieses erinnernde Offenbaren,
welches heilige Lehren, heilige Lebensweisen,
edle Taten und edle Werke
wie kostbare Schätze sehen lässt?

Es ist das Auflebenlassen jener Weisheit,
die in alle Zeiten eintreten kann,
es ist ein Ort der Sammlung
zur Ehre des Edlen und Guten.

◌ ◌ ◌

Wie ehren die Friedenbringenden das Licht?
Die Güte sagt: Durch das Befolgen heilsamer Gesetze
und durch freies Geben – beides ernährt sie,
das Erduldenkönnen wiederum hilft ihnen zur Ehre.

Das Sich-Anstrengenkönnen erzieht sie,
das Hervorbringen des großen Herzensanliegens,
mit allumfassender, barmherziger Weisheit
wirken zu können, macht sie reich.

Die innere Sammlung ist ihr Reinigungsweg,
die Kräfte des Reinen und Guten unterstützen sie,
alle Friedenübenden sind ihre Geschwister,
das Streben nach Freisein ist ihr Zuhause.

◌ ◌ ◌

◇ ◇ ◇

Die Güte sagt: Friedenbringende sind jene,
für die alles, was es gibt, wie ein Blitz ist,
sie fürchten sich nicht vor dem Kreislauf
des beständigen Geborenwerdens und Sterbens.

Sie können die Farben, Stimmen, Namen
und Haltungen aller Wesen annehmen,
sie werden als unreife Kinder geboren
und bringen die gleichen Gedanken wie alle hervor.

Frei von Irrtum, Angst und Leidenschaft,
führen sie von Ewigkeit zu Ewigkeit
Taten und Werke des Friedens aus,
getragen von großer Barmherzigkeit.

◇ ◇ ◇

◦ ◦ ◦

Die Güte sagt: Wer Verwandten den Weg weisen,
die Selbstüberschätzung alter Freunde vernichten
und die Vergesslichen zum Friedenüben anspornen will,
will in der Welt, in der sie leben, wiedergeboren werden.

Wer diese Welt vollendet und stirbt
und in den Bereich der Genügsamkeit eintritt,
lehrt durch Weisheit und Gütekraft,
dass selbst das Leben im Himmel vergänglich ist.

Wer dem Bereich der Genügsamkeit stirbt,
wird in einer barmherzig handelnden Gestalt geboren,
die vollkommen wach, frei und hell ist
und als ein wahrhaft großes Licht leuchtet.

◦ ◦ ◦

◇ ◇ ◇

Die großen Friedensboten und Heiligen,
die als ein allseits-liebendes Geschenk der Güte leben,
schicken die nach Vollendung Fragenden weiter
zu denen, die in jeglicher Hinsicht fähig sind.

Sie ermutigen auch die allseits Gesegneten zu fragen,
wie die Werke des Friedens vervollkommnet werden,
wie die Friedenden noch weiter fortschreiten
und die Taten der Allseits-Weisen verinnerlichen können.

So ist es das Geschenk der Güte selbst,
welches zu vollkommenem Fähigsein befähigt,
zu jenem Verständnis des gesamten Universums,
das von Ewigkeit zu Ewigkeit weiter übt.

◇ ◇ ◇

ALLUMFASSENDES FÄHIGSEIN

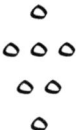

⌾ ⌾ ⌾

Als Zweiundfünfzigstes fragen die Übenden
jene, din jeglicher Hinsicht fähig sind
und die inmitten von befreiender Erhellung wohnen:
Wie geht es auf dem Weg des Friedens weiter?

Gesegnet ist, wer nicht zweifelnd und kleinmütig wird,
beschenkt ist, wer sich mit Wenigem zufrieden gibt,
befähigt ist, wer in der Anstrengung nicht nachlässt,
begnadet ist, wer bei jedem Schritt Zuversicht bewahrt.

Jene, die den Glauben nicht verlieren,
werden von Weisheit durchstrahlt werden,
durch Gütekraft gestärkt sein
und so große Barmherzigkeit erreichen.

253

VOLLKOMMEN BARMHERZIG-WEISES HINGEGEBENSEIN,

DAS SOWOHL FÄHIG, ALS AUCH ERFAHREN UND DADURCH ALLUMFASSEND WEISE IST

◊ ◊ ◊

Als Dreiundfünfzigstes fragen die Übenden
jene Hingegebenen, die ihnen ein großes Vorbild sind
und die auf Grund von allumfassender Erfahrung
vollkommen weise und barmherzig genannt werden:

Wie sieht dieses barmherzig-weise Hingegebensein aus,
dieses stets gütig handelnde Mitfühlendsein,
von welcher Gestalt ist dieses liebevolle Wegweisendsein,
inmitten von freier Weite und ewigem Raum?

Jene, welche durch das Vollenden der Freiheit
vom Fähigsein zum Erfahrensein weiterschreiten,
werden die höchste Weisheit nicht nur sehen lernen,
sondern mit ihr von Angesicht zu Angesicht leben.

◊ ◊ ◊

◦ ◦ ◦

Jene, welche zu großem Sehen befähigt sind,
leben ruhig in der stillen Freiheit,
sie begreifen alles Seiende, wie es ist
und ernähren den Geist der Anstrengung.

Sie tauchen tief in das weite Meer
der Reinheit ewigen Gelichtetseins ein
und ebenso in das große Meer
der heiligen Lehren aller Zeiten.

Mit Weisheit treiben sie die Finsternis
von Blindheit und Kurzsichtigkeit aus
und lernen dabei die Werke all derer kennen,
die voll von großer Barmherzigkeit sind.

◦ ◦ ◦

◌ ◌ ◌

Jene, welche zu großem Sehen befähigt sind,
bringen einen weiten, freien, reinen Geist hervor,
der dem Weg des Friedens vollkommen hingegeben ist,
um alle Wesen zu lehren und in die Freiheit zu führen.

Sie sehen bereits die Herrlichkeit höchster Weisheit,
deren Wesen sanft, milde, gütig und göttlich ist,
sie sehen die Leuchtkraft des gesamten Universums
aus jedem Staubkorn hervorstrahlen.

Obwohl sie das Friedensreich bereits sehen können,
verlangen sie in der Tiefe ihres Herzens doch danach
mit den an Weisheit und Barmherzigkeit Vollkommenen
von Angesicht zu Angesicht zu leben.

◇ ◇ ◇

Jene, welche zu großem Sehen befähigt sind,
erkennen, dass der Anblick der Vollkommenen
die Kräfte von Reinheit und Güte nährt
und die Werke des Friedens zu meistern hilft.

Der Geist der Allumfassend-Weisen
ist wie der Raum der Leere,
ohne Anhänglichkeit zu irgend einem Ding
und von allen Widerständen befreit.

Das Wesen dieser Allseits-Weisen ist das edelste von allen,
sie vernichten unendlich viele Leiden
und ernähren zahlreiche Kräfte des Guten,
ihr Leuchten erinnert stets an das Göttliche des Lebens.

◇ ◇ ◇

○ ○ ○

Jene, welche zu großem Sehen befähigt sind,
sehen die göttlichen Kräfte der Vollkommenen,
die in jedem Augenblick aus jedem Staubkorn
viele heilige Wesen des Lichts hervorströmen lassen.

Sie sehen, wie diese gelichteten Wesen
den ganzen Raum der Leere erfüllen
und für Viele, die am Abgrund stehen,
zu festem Grund und Boden werden.

Sie sehen, wie Wolken von heiligen Lehren
aus jeder Pore dieser Vollkommenen strömen,
wie sie das Licht ehren und beschützen
und wie ihre Weisheit zu Werken des Friedens wird.

261

ο ο ο

Jene, welche die göttlichen Kräfte gesehen haben,
empfangen zehn Arten unzerstörbarer Weisheit:
stets mit einem Körper alle Bereiche des Lichts erfüllen
und zu allen Gelichteten gehen und ihnen dienen zu können;

die Kunst höchster Weisheit sowohl durch heilige Lehren,
als auch durch die Allmächtigkeit der Gelichteten
sowie unerschöpfliche Beredsamkeit erlangen zu können
und stets alle heiligen Lehren hören und bewahren zu können;

des Weiteren die Kunst der reinen Schau,
die Kunst der Vorgehensweisen, die Kunst höchster
und zugleich vollkommen einfacher Weisheit der Großen
wie auch dieselbe Kunst in Bezug auf Gier erreichen zu können

✿ ✿ ✿

Jene, welche die göttlichen Kräfte gesehen haben,
erhalten durch den Segen der Allumfassend-Weisen
so viele Arten von In-sich-ruhendem Geist
wie es Staubkörner auf der Welt gibt.

Diese inneren Sammlungen befähigen dazu
das große Meer der Gelichteten wahrzunehmen,
viele Kräfte der Reinheit hervorzubringen
und das große Herzensanliegen zu befrieden.

Wer mit solch großer Weisheit fortschreitet
und mutig viele Werke des Friedens vollbringt,
wird am Ende vollkommen erhellt und befreit
durch das Licht aller großen Lichter.

◦ ◦ ◦

Die wahrhaft Barmherzigen sagen:
In vielen Zeiten haben wir alles gegeben,
alles Hab und Gut, Körper und Geist,
Wissen und Können, selbst das Leben.

Wir haben in jedem Augenblick ernsthaft
nach allerhöchster Kraft gestrebt,
wir sind den Gelichteten nachgefolgt
und haben ihre Lehren aufrecht erhalten.

Deshalb ist unser Geist frei von Gefangenschaft,
von Blindheit, Begehren und Zorn,
von der Liebe zum Ich und zum Mein,
von Schadenfreude und weltlichem Vergnügen.

◇ ◇ ◇

Die wahrhaft Barmherzigen sagen:
Welche Werke des Friedens haben wir ausgeführt?
Wir sind den Weg der Reinigung gegangen
und haben viele Wesen belehrt.

Wir haben die Heiligen, die vortrefflich Lehrenden,
die Vorangegangenen und Gelichteten geehrt,
die heiligen Lehren beschützt
und den Geist großer Barmherzigkeit genährt.

Wir haben die Kräfte des Guten gepriesen,
viele Wesen von Leiden befreit,
das Loslassen aller Dinge gemeistert
und dadurch an Gütekraft zugenommen.

◌ ◌ ◌

Die wahrhaft Barmherzigen sagen:
Wir haben viele Arten von Kraft gewonnen,
die Kraft viele gute Werke hervorzubringen
und die Kraft die heiligen Lehren freudig zu lernen;

die Kraft zahlreiche Tugenden zu entwickeln,
die Kraft die stille Freiheit als Wesen aller Dinge zu sehen,
die Kraft das reine Auge der Weisheit zu öffnen
wie auch die göttliche Kraft des Lichts;

die Kraft der großen Barmherzigkeit
und die Kraft der vielfältigen Herzensanliegen,
die Kraft der vortrefflich Lehrenden
und die Kraft Unmögliches möglich werden zu lassen.

◌ ◌ ◌

○ ○ ○

Die wahrhaft Barmherzigen sagen:
Wer unsere reinen Namen zu hören im Stande ist,
gewinnt sofort den Geist der Unerschütterlichkeit
und die Entschlossenheit nach Freiheit zu streben.

Wer unsere reinen Gestalten schaut oder berührt,
uns entgegenkommt oder nachfolgt
oder unsere erschütternde Kraft erfährt,
wird entschlossen nach Gelichtetsein streben.

Wer uns im Traum hört oder sieht
oder einen Tag und eine Nacht an uns denkt,
wird sich unerschütterlich entschließen
nach heiliger Erhellung zu streben.

◇ ◇ ◇

Die wahrhaft Barmherzigen sagen:
Die unfassbare Weisheit der Gelichteten
ist rein und klar wie der leere Raum,
sie sind in allem vollkommen frei.

In einem einzigen Augenblick erfassen sie
die guten und schlechten Werke der Wesen,
ihre Veranlagungen und Leidenschaften,
nur um sie unterweisen und anleiten zu können.

In sich ruhend und gleichzeitig überall auf der Welt,
sind sie allen Wesen das Nächste,
doch nur Wenige können das Licht sehen,
das ihnen den Weg weist.

◇ ◇ ◇

◦ ◦ ◦

Die wahrhaft Barmherzigen sagen:
Inmitten der einen großen Weisheit sehen wir
jung, alt, neu, dort, hier, bald, jetzt, damals
– alles gleichzeitig und tausendfach.

Befreiung, Freisein und der Weg dorthin,
Generationen und Wirkungszusammenhänge
sind in der reinen, unfassbaren Weisheit
in einem einzigen Augenblick zu sehen.

Alles ist eins und gleichzeitig,
das Hervorbringen und Wandeln von Welten,
das Entstehen des Einen aus dem Vielen
und aus dem Vielen das Eine.

◦ ◦ ◦

◌ ◌ ◌

Die wahrhaft Barmherzigen sagen:
Die Vollendeten wohnen in höchster Weisheit,
sie sind vollkommen frei von Angst
und fähig zu lehren und anzuleiten.

Sie begreifen das Leiden der Wesen,
die Ursache des Leidens,
das Ende des Leidens
und den Weg des Beendens.

Sie sind frei von Ich, Selbst und Eigentum,
von Entstehen und Vergehen,
wie der weite, leere Raum,
in dem alle Werke erscheinen.

◌ ◌ ◌

○ ○ ○

Die wahrhaft Barmherzigen sagen:
Die Vollendeten lehren auf vielerlei Weise,
je nach Verständnis der Wesen,
um ihnen zur Freiheit zu verhelfen.

Sie reden vom Vernichten der Leidenschaften,
vom Erlangen großer Weisheit,
von Freigebigkeit und Anstrengung
und innerer Sammlung.

Sie predigen von Milde und Güte,
von Hingabe, Mitfreude und Mitgefühl,
von der Freiheit und Reinheit der Gedanken,
von edlen Werken und Taten.

○ ○ ○

○ ○ ○

Die wahrhaft Barmherzigen sagen:
Die Vollendeten vervollkommnen Weisheit und Güte
und hören doch auf die weltlichen Lebensgesetze,
um sie befolgen zu können.

Obwohl sie rein und ewig wie der leere Raum sind,
erscheinen sie doch inmitten von Leid,
von Geburt, Krankheit, Alter und Tod
und ertragen die Lebenszeit der Menschen.

Sie kennen die Fähigkeiten und Wünsche der Wesen
und führen sie, diesen entsprechend, zu höchster Weisheit,
sie leiden mit ihnen, gehen mit ihnen,
stehen ihnen bei und leiten sie an.

∘ ∘ ∘

Die wahrhaft Barmherzigen sagen:
Die Vollendeten sind Asketen unter den Asketen,
Lehrende unter den Lehrenden,
Kämpfende unter den Kämpfenden.

Sie sind in allem immer die Edelsten
und führen die Wesen durch ihr Vorbild an,
als Regierende herrschen sie mit sanften Worten,
so dass Tyrannei und Diktatur offensichtlich werden.

Selbst unter den Zufriedenen und Genügsamen
verstehen sie auf jene Weise zu lehren,
die zu barmherzig-weisem Hingegebensein führt
und vollkommene Befreiung mit sich bringt.

∘ ∘ ∘

◇ ◇ ◇

Die wahrhaft Barmherzigen sagen:
Die Vollendeten befreien die Welt
von Hunger, Härte und Kälte,
von Begehren, Wüten und Blindsein.

Wie die strahlende Sonne
die Finsternis aus der Welt treibt,
so vernichtet die große Weisheit der Gelichteten
die Finsternis von Generationen.

Wie starker Regen Kühlung bringt,
so löscht die Wolke großer Barmherzigkeit
den Brand flammender Leidenschaften
mit kühlenden Worten und Taten.

◇ ◇ ◇

◠ ◠ ◠

Die vollendeten Heiligen, Gelichteten,
die vollkommen Freien, Leuchtenden
leben mit menschlichem Körper und Geist
und doch bewirkt dieser Körpergeist nicht ihre Taten.

Die Werke dieser vollkommen Hingegebenen
geschehen aus dem einen großen Dasein,
der Wahrheit des Universums selbst,
das weder Sein noch Nichts ist.

Was sie auszeichnet unter allen,
ist ihre unerschöpfliche Größe
an Kräften des Reinen und des Guten,
welche heilsam für alle Wesen sind.

◇ ◇ ◇

Wer all diese Worte vernimmt,
sich an ihnen erfreut, ihnen vertraut
und in allem zuversichtlich bleibt,
wird bald selbst höchste Weisheit erfahren.

Wer all die Tage seines menschlichen Lebens hingibt
für die Werke und Taten des Friedens
und dem hier beschriebenen Weg in die Freiheit folgt,
wird bald selbst zu höchster Barmherzigkeit gelangen.

Was gibt es Größeres, als der Welt ein Licht zu sein
und mit der Reinheit einer Lilie,
vollkommen weise, barmherzig und hingegeben,
allen Wesen Frieden bringen zu können?

◇ ◇ ◇